» Let your projects fly »

Christian Sterrer
Gernot Winkler

Für Herrn Droddelmop
herzlichst
Gernot Winkler

GOLDEGG VERLAG

Der Verlag und seine Autoren sind für Reaktionen, Hinweise oder Meinungen dankbar. Bitte wenden Sie sich diesbezüglich an verlag@goldegg-verlag.at.

ISBN-10: 3-901880-20-8
ISBN-13: 978-3-901880-20-9

© 2006 next level consulting
Telefon: +43 (0)1 478 06 60-0
E-Mail: office@nextlevel.at
www.nextlevelconsulting.eu

Verlag: Goldegg Verlag Wien
Telefon: +43 (0)1 5054376-0
E-Mail: office@goldegg-verlag.at
www.goldegg-verlag.at

Layout: k25 Neue Medien. Neue Werbung.
Lektorat: Karina Matejcek, Ina Baumbach
Druck: Bösmüller

Inhalt

Inhalt

Einleitung

Vor dem inhaltlichen Einstieg einige
Informationen zur Ausgangssituation und
zur Handhabung des Buches …

Ausgangssituation

So aktuell Projektmanagement im Managementkontext Verwendung findet, so mannigfaltig ist auch die diesbezügliche Literatur. Ob Theorie oder Praxis, Einzel- oder Multiprojektmanagement, Sozial- oder Methodenkompetenz – das Angebot ist vielfältig. Umso mehr (oder vielleicht gerade deshalb?) verblüfft das Feedback vieler Projektleiter, Zertifizierungskandidaten bzw. der an dieser Materie interessierten Personen, dass sie keine adäquate Literatur vorfinden, die das Thema Projektmanagement praxisorientiert und anwenderfreundlich darstellt.

Motiviert durch diesen Umstand und durch die Erfahrungen von next level consulting, die auf der Ausbildung von ca. 25.000 international tätigen Projektleitern und dem Coaching von ca. 600 Projekten beruhen, liegt mit „Let your projects fly" nun ein Buch vor, das sich durch praxisorientierte Inhalte klar von theoretischer Literatur unterscheidet. Durch die Fokussierung auf das Methoden- und Prozessverständnis in Projekten wird dieses Buch zum Leitfaden für Einzelprojektmanagement.

Für das gesamte Buch haben wir uns bemüht, die Beschreibungen und Erklärungen möglichst kurz und unkompliziert zu halten, wohl wissend, dass es oft leichter ist, Dinge lang und kompliziert darzustellen. Wir hoffen, dass uns dies gelungen ist und freuen uns über Ihr Feedback.

» Let your projects fly! »

Christian Sterrer

Gernot Winkler

Handhabung dieses Buches

„Let your projects fly" ist als operatives Nachschlagewerk für das Management von Projekten konzipiert. Die Darstellung erprobter Methoden mit Abbildungen und Beispielen, sowie konkrete Prozessbeschreibungen zu den Projektmanagement-Prozessen Start, Controlling und Abschluss, ergänzt mit Hilfsmitteln und Checklisten, ermöglichen eine sofortige Anwendbarkeit im eigenen Projekt. Ob als punktuelle Informationsquelle oder zur umfassenden Vertiefung: Dieses Buch vermittelt Handlungsempfehlungen, Beispiele sowie Tipps und Tricks zum Projektmanagement.

Das Buch ist als Ratgeber und Leitfaden zu verstehen. Prozess- und praxisorientiert aufgebaut, wendet es sich primär an Projektleiter, Projektteammitglieder sowie an all jene Personen, die an Projekten arbeiten.

„Let your projects fly" gliedert sich in vier wesentliche Teile:

» Das Kapitel „Projektmanagement-Methoden" beschreibt in Form von Methodensteckbriefen die wesentlichen Methoden im Projektmanagement und deren Anwendung in Planung und Controlling von Projekten.

» Das Kapitel „Vertiefende Methoden im Projektcontrolling" skizziert moderne Methoden des Projektcontrollings sowie deren Einsatz in spezifischen Projektarten.

» Das Kapitel „Projekthandbuch (PHB)" dokumentiert diese Methoden anhand eines Beispielprojekts und erklärt die Anwendung in vertiefenden Interpretationen.

» Das Kapitel „Projektablauf, Guideline durch das Projekt" widmet sich den Projektabschnitten Beauftragung, Start, Controlling und Abschluss von Projekten; unterstützt durch Hilfsmittel und Checklisten zur Gestaltung dieser Prozesse.

Ergänzt wird dieses Buch durch eine beigefügte CD-ROM, die über die Informationen dieses Buches hinaus ausgewählte Checklisten und Hilfsmittel sowie elektronische Projekthandbücher beinhaltet. Die Handhabung dieser CD-ROM wird im Anhang näher beschrieben.

Wie auch immer Sie dieses Buch verwenden möchten, ob als Guideline für Ihr Projekt, als punktuelles Nachschlagewerk oder zur intensiven Vorbereitung für Ihr Projekt, wir hoffen, mit den nachfolgenden Methoden- und Prozessbeschreibungen einen Beitrag dazu leisten zu können, Ihre Projekte „zu beflügeln".

Projektmanagement-Methoden

Projektmanagement-Methoden bilden die Basis jeder Projektplanung. In diesem Kapitel werden alle gängigen Methoden vorgestellt sowie deren Handhabung in der Projektplanung und im Projektcontrolling näher beschrieben.

Projektdefinition, Projektmanagement-Ansatz

Projekte sind „in". Projektmanagement hat sich längst als Teil eines generellen Verständnisses von Management etabliert, professionelle Projektmanager und -managerinnen werden als eigenes Berufsbild wahrgenommen. Neben vielen weiteren Gründen basiert diese Entwicklung vor allem auf einem zunehmend dynamischen Umfeld in Unternehmen, auf kürzeren Lebenszyklen von Produkten sowie auf der Tendenz, neben Standardlösungen dem Kunden vermehrt individuelle Lösungen anzubieten.

Entsprechend diesen Herausforderungen sehen immer mehr Unternehmen die Notwendigkeit, professionelle Rahmenbedingungen zur Abwicklung von Projekten zu schaffen, um dadurch ihre Wettbewerbsfähigkeit (competitive advantage) sicherzustellen und ihre Flexibilität zu erhöhen.

Projekte sind temporäre Aufgaben mit besonderen Merkmalen (z. B.: riskant, einmalig, sozial und technisch komplex, dynamisch, …). Sie unterscheiden sich entsprechend der jeweils höheren Komplexität von Linientätigkeiten, die in den definierten Organisationsstrukturen abgewickelt werden. Konsequenz dieser Betrachtung ist es, Projekte von Nicht-Projekten zu unterscheiden (Stichwort Projektwürdigkeit) und über spezifische Methoden im Projektmanagement nachzudenken.

Projekte können als soziale Systeme verstanden werden. Diese systemtheoretische Sichtweise führt zur Frage nach dem „Innen" und „Außen", das heißt nach der Zugehörigkeit zum betrachteten System (Abgrenzung nach außen und interne Strukturen) und der Umwelt (Kontextbetrachtung).

Versteht man Projekte als temporäre Organisationen, so ist für diese Betrachtung oder Konstruktion – wie auch in der permanenten Linienorganisation – eine Definition der wesentlichen Organisationselemente Rollen, Organigramm, Spielregeln und Kommunikationsstrukturen grundlegend.

Projektmanagement kann, entsprechend dem prozessorientierten Ansatz, als Planung, Controlling und Abschluss eines Projekts definiert werden. Dies ermöglicht die Beschreibung der Prozesse sowie die Ausarbeitung entsprechender Hilfsmittel.

Betrachtungsobjekte des Projektmanagements sind: Abgrenzung, Kontext, Organisation, Leistungen, Termine, Kosten und Ressourcen.

Für jedes dieser Betrachtungsobjekte existieren unterschiedliche Projektmanagement-Methoden, das Handwerkszeug eines jeden Projektleiters. Diese Methoden werden nachfolgend in einer einheitlichen Struktur detailliert beschrieben.

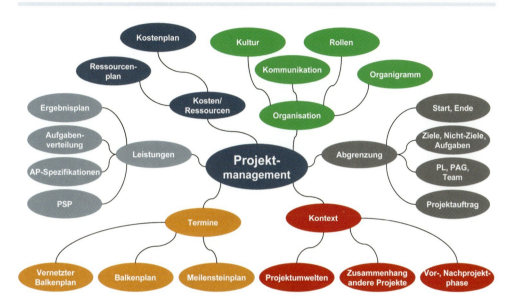

Eingesetzte PM-Methoden nach Betrachtungsobjekten

Projektplanung

Generell empfiehlt es sich in der Projektplanung vom „Groben ins Detail" vorzugehen. Außerdem sollte die Planung in mehreren Planungsschleifen durchgeführt werden. Entsprechend der zyklischen Vorgehensweise wird in der Projektplanung zuerst die Projektabgrenzung und Projektkontextanalyse durchgeführt. Darauf aufbauend können in weiterer Folge der Projektauftrag und die Elemente der Projektorganisation (Rollen, Organigramm, Spielregeln und Kommunikationsstrukturen) definiert werden.

Die weitere Detailplanung des Projekts wird mit Hilfe des Projektmanagement-Dreiecks durchgeführt. Dieses Projektmanagement-Dreieck stellt sowohl für die Planung als auch für das Controlling den Zusammenhang zwischen Leistungen, Terminen, Ressourcen und Kosten dar.

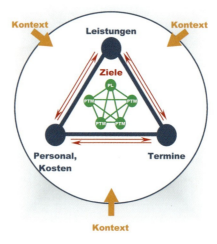

Gegenseitige Abhängigkeiten im Projektmanagement-Dreieck

Bei der Leistungsplanung werden die Gesamtaufgaben (Leistungen) des Projekts in Teilleistungen strukturiert. Es wird eine vollständige Darstellung des Projekts in Form eines Projektstrukturplans erarbeitet. Durch die reduzierte Komplexität stellt der Strukturplan eine adäquate Basis für weitere Planungsschritte dar.

Auf diese Leistungsplanung folgt die Terminplanung. Je nach Komplexität des Projekts ist zu entscheiden, ob eine Meilensteinliste (für Kleinprojekte) oder auch Detailbalkenpläne auf Arbeitspaketebene (vernetzt oder nicht vernetzt) erstellt werden.

Basierend auf Leistungs- und Terminplanung erfolgt in einem dritten Schritt die Personaleinsatzplanung. Durch monetäre Bewertung des Personaleinsatzes (= Personalkosten) sowie die Abschätzung der übrigen Kostenarten (z. B. Material- und Fremdleistungskosten) wird die Summe der Projektplankosten (Budget) errechnet.

Sind alle vier Pläne erstellt, sollte in einer Kontrollschleife sichergestellt werden, dass Leistungs-, Termin-, Ressourcen- und Kostenplanung aufeinander abgestimmt sind. Das bedeutet beispielsweise, dass die notwendigen Ressourcen (Personal) auch zu den geplanten Terminen verfügbar sind oder dass die geplanten Leistungen und die daraus resultierenden Kosten dem geplanten Budget entsprechen. Gibt es hier Abweichungen, müssen die jeweiligen Pläne nachjustiert werden.

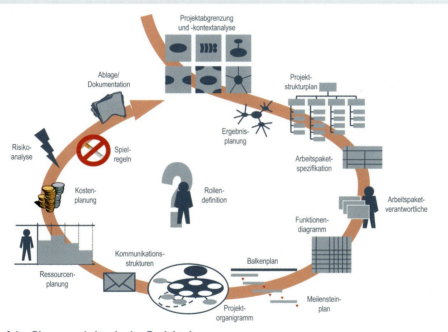

Verlauf der Planungsschritte in der Projektplanung

 Nutzen Sie die beiliegenden Hilfsmittel auf der CD-ROM zur einfachen Dokumentation Ihrer Projektpläne!

Projektabgrenzung und Projektkontextanalyse

Beim Start eines Projekts sind Projektleiter, Projektteam und Projektauftraggeber in den Projektmanagement-Planungsprozess eingebunden. Zu Beginn dieses Prozesses verfügen die Beteiligten jedoch über einen unterschiedlichen Informationsstand.

Ziel der Projektabgrenzung und Projektkontextanalyse ist es, die unterschiedlichen Sichtweisen im Projektteam abzustimmen und alle Beteiligten auf denselben Informationsstand zu bringen. Projektabgrenzung und Projektkontextanalyse dienen auch dazu, eine Übersicht über das Projekt (Grobplanung) zu generieren, und bilden eine Basis für die weiteren Planungsschritte.

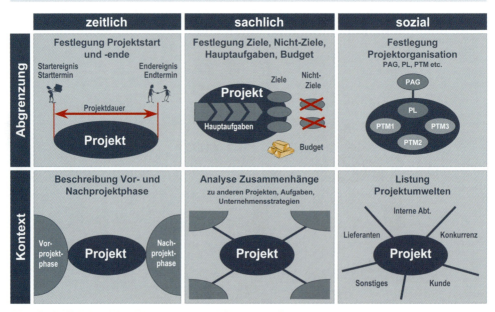

Die „Sechs Schritte" der Abgrenzungs- und Kontextanalyse

Beschreibung der Methode

Projektabgrenzung und Projektkontextanalyse sind in sechs Schritte gegliedert und lassen sich in eine zeitliche, sachliche und soziale Dimension unterteilen. Die drei Schritte der Abgrenzung definieren die (System-)Grenzen des Projekts („Nur was abgrenzbar ist, ist auch planbar!"), die drei Schritte der Kontextanalyse den zeitlichen, sachlichen und sozialen Zusammenhang des Projekts.

Projektabgrenzung

Aufgabe der **zeitlichen Abgrenzung** ist die Definition von realistischen Start- und Endereignissen des Projekts und der damit verbundenen Start- und Endtermine. In dieser Definition ist es zweckmäßig, inhaltliche Ereignisse (z. B. Vertragsunterzeichnung als Startereignis) und nicht Management-Ereignisse (z. B. Abschlussworkshop) zu diskutieren, da dadurch die Abgrenzung des Projekts geschärft und die gemeinsame Sichtweise gestärkt wird. Typische Startereignisse wie beispielsweise unterschriebene Projektaufträge, „Letter of Intent" oder Finanzierungszusagen, Abschlussereignisse wie Kundenabnahmen, Präsentationen oder „Go-live"-Entscheidungen grenzen das Projekt hinsichtlich Vor- und Nachprojektphase ab und fördern ein einheitliches Projektverständnis.

Bei der **sachlichen Abgrenzung** werden Ziele und Nicht-Ziele, die Hauptaufgaben (Phasen) und das Budget definiert.

Die Ziele bilden den Sockel der gesamten weiteren Leistungsplanung und sollten daher sehr sorgfältig und präzise definiert werden. Die Projektziele sollten realistisch, bis zum Projektendereignis erreichbar, klar und verständlich sowie evaluierbar (zur Messbarkeit des Projekterfolgs am Projektende) formuliert sein. Dazu ist es nicht unbedingt notwendig, alle Projektziele zu quantifizieren, auch eine Überprüfung, ob ein Ziel erfüllt ist oder nicht (Ja-Nein-Evaluierung), ist sinnvoll.

Als hilfreich erwies sich der Ansatz, Ziele aus der Perspektive eines zukünftigen Nutzens zu definieren; Formulierungen wie „der Kunde ist in der Lage ...", „wir verfügen ...", „es ist gewährleistet ..." unterstützen diesen Ansatz.

Die Definition von Projekt-Nicht-Zielen ist ein Instrument der negativen Abgrenzung von Inhalten. Damit besteht die Möglichkeit, etwaige mögliche Themen bewusst aus dem Projekt auszugrenzen – und zu kommunizieren, dass diese Nicht-Ziele im Projekt explizit nicht verfolgt werden.

Die Projektphasen (Hauptaufgaben) dienen der Erreichung der Projektziele und stellen den groben Fahrplan des Projekts dar. Die Projektphasen sind demnach klar von den Projektzielen zu unterscheiden: Die Ziele beschreiben einen zukünftigen Zustand und die Projektphasen zeigen den Weg dorthin auf. Diese zu definierenden Projektphasen sind die Basis für die weitere Leistungsplanung und werden im Projektstrukturplan in Form von Arbeitspaketen weiter detailliert.

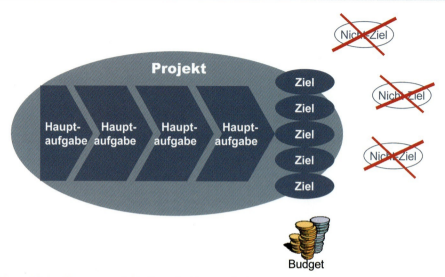

Die sachliche Abgrenzung inkludiert die Hauptaufgaben (Phasen), Ziele, Nicht-Ziele sowie das Budget

In der **sozialen Abgrenzung** wird in einem Erstansatz die Projektorganisation geplant. Dabei werden der Projektauftraggeber (strategische Verantwortung), der Projektleiter und das Projektteam (operative Verantwortung) definiert. Die soziale Abgrenzung bildet die Basis für die Detailplanung der Projektorganisation (Organigramm, Rollendefinitionen und Kommunikationsstrukturen).

Projektkontextanalyse

Die **zeitliche Kontextanalyse** betrachtet die Vor- und Nachprojektphase. In der Beschreibung der Vorprojektphase werden alle relevanten Informationen aus der Vorgeschichte des Projekts festgehalten („Jedes Projekt hat seine Geschichte!"). Entscheidungen und Ereignisse aus dieser Phase können den Handlungsspielraum für das Projekt bereits einschränken oder zumindest vorbestimmen.

Insbesondere folgende Fragen sollten geklärt werden:
» Was ist vor dem Projektstart passiert (Aktivitäten, Recherchen, …)?
» Welche Entscheidungen wurden bereits getroffen (durch wen, warum, …)?
» Wie ist es zu dem Projekt gekommen (Ausgangssituation, Leidensdruck, Anlass, …)?
» Welche Dokumente wurden bereits erstellt (Auftrag, Untersuchungen, Business-Case, …)?
» Wer hat die Durchführung des Projekts unterstützt, wer gehemmt?

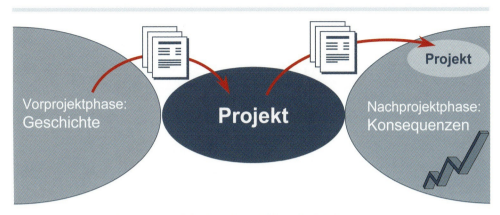

Darstellung der Vor- bzw. Nachprojektphase im zeitlichen Projektkontext

Die Betrachtung der Nachprojektphase fokussiert auf die geplanten Entwicklungen nach Projektende. Diese können bereits entsprechende Leistungen innerhalb des Projekts erfordern und sollten entsprechend rechtzeitig erkannt und organisiert werden.

Folgende Fragen ergeben sich in diesem Zusammenhang:
» Welche Handlungen und Entscheidungen sind nach Projektende zu setzen (Übergaben, Wissenssicherung, Dokumentationen, …)?
» Welche Folgeprojekte bzw. Aktivitäten sind anzudenken (Auftragsabwicklungsprojekt nach einem Akquisitionsprojekt, …)?
» Welchen Folgenutzen des Projekts gibt es (optimierte Prozesse, neue Produkte, …)?
» Welche Aktivitäten zur Organisation der Nachprojektphase sind bereits im Projekt notwendig?

Bei der **sachlichen Kontextanalyse** werden die Beziehungen zu anderen Projekten und zu Unternehmensstrategien identifiziert. Ein Projekt hängt häufig mit anderen, in Durchführung befindlichen oder geplanten, Projekten zusammen. Diese Zusammenhänge sind aus der Sicht des Projekts zu analysieren und in Form von Maßnahmen zu gestalten. Solche Beziehungen können synergetischer (z. B. die Verfolgung gemeinsamer Ziele) oder konfliktärer Art (z. B. der gemeinsame Zugriff auf Engpass-Ressourcen oder technische Abhängigkeiten) sein. In jedem Fall sollte jedes Projekt eines projektorientierten Unternehmens in Zusammenhang mit der Unternehmensstrategie durchgeführt werden!

Im sachlichen Projektkontext werden die Beziehungen zu anderen beeinflussenden Projekten aufgezeigt

Bei der **sozialen Kontextanalyse** werden zunächst die sozialen Umwelten (Stakeholder) identifiziert. Das bedeutet, es werden alle Personen und Institutionen gelistet, die eine Beziehung (gleichgültig ob positiv, neutral oder negativ) zu dem zu planenden Projekt haben. All diese Projektumwelten können das Projekt beeinflussen und sollten grafisch dargestellt werden. Die Listung der Projektumwelten ist die Basis für eine vertiefende Betrachtung in der Projektumweltanalyse. Unterschiedliche Sichtweisen und Interessen, die zum Projektstart nicht abgestimmt werden, führen im späteren Projektverlauf unausweichlich zu Konflikten und Problemen.

Neben der inhaltlichen Qualität der Projektergebnisse steht vor allem die Sicherung der Akzeptanz dieser Lösungen im Vordergrund. Die adäquate Einbindung aller relevanten Beteiligten in den Projektprozess ist maßgeblich für den Erfolg der Projektarbeit und ist daher auch Betrachtungsobjekt des Projektmanagements (Erfolg = Qualität x Akzeptanz, siehe Projektmarketingprozess).

Methode im Projektcontrolling

Projektabgrenzung und Projektkontextanalyse dienen der weiterführenden Detailplanung als Basis. Ergeben sich in den periodischen Projektcontrolling-Zyklen Abweichungen, sind diese in den jeweiligen Detailplänen zu adaptieren. Werden dabei Abgrenzungen im Projekt verändert, so ergeben sich Auswirkungen und Änderungen im Projektauftrag, die entsprechend zwischen Projektleiter und Projektauftraggeber abzustimmen und zu dokumentieren sind (vgl. Projektauftrag).

	PS	PC1	PC2	PC3	PC4	PC5	PA
Projektziel A	🟩						
Projektziel B	🟩		🟧				
Projektziel C	🟩						
Projektziel D	🟩			🟧			
Projektziel E	🟩		🟧				
Projektziel F	🟩						
Projektziel G	🟩						
Projektziel alt	🟩			🟥			
Projektziel neu		🟩					
Projektziel neu			🟩				
Projektziel neu				🟩			

🟩 Neues Ziel   🟧 Zielveränderung   🟥 Ziel aufgegeben

Änderungen der Projektziele im Projektverlauf (PS: Projektstart, PC: Projektcontrolling)

Projektauftrag

Der Projektauftrag ist eine schriftliche Vereinbarung des Projektauftraggebers und des Projektleiters über wesentliche „Rahmeninformationen" des Projekts und die Basis für die weitere Detailplanung des Projektmanagements. Die Existenz von Projektaufträgen kann als Indikator für eine bestehende Projektkultur gewertet werden.

PROJEKT-AUFTRAG

Projektstartereignis:
- ☐ Erteilung des mündlichen Projektauftrags durch die Geschäftsführung des M&M Zoos

Projektstarttermin:
- ☐ 05.08.2008

Projektendereignis:
- ☐ Einweihungsfeier des neuen Pinguin-Geheges

Projektendtermin:
- ☐ 01.08.2007

Projektziele:
- ☐ Der M&M Zoo verfügt über eine, den neuesten wissenschaftlichen Erkenntnissen der Jackass-Pinguin-Tierhaltung entsprechenden Gehegeanlage.
- ☐ Der Tiergarten M&M verfügt über eine weitere Besucherattraktion, um zukünftig die Besucherzahlen weiter zu erhöhen.
- ☐ Es sind die Voraussetzungen für erfolgreiche Zuchtprogramme zur Arterhaltung der Jackass-Pinguine geschaffen worden.
- ☐ Sämtliche gesetzliche Vorschriften wurden eingehalten.
- ☐ Die Sanierungskosten haben 2,3 Mio $ nicht überschritten.
- ☐ Die Jackass-Pinguine haben die Überbrückungszeit im Ersatzgehege gesundheitlich optimal überstanden und sind in der neuen Anlage angekommen.
- ☐ Die Abgrenzung der neuen Anlage wurde so gestaltet, dass Kinder die Jackass-Pinguine problemlos in deren natürlichen Umgebung (außerhalb und im Wasser) beobachten können.
- ☐ Bei der Sanierung wurde auf eine behindertengerechte Gestaltung geachtet.
- ☐ durch Informations- und Marketingkampagnen wurde eine hohe Attraktivität des neuen Geheges bei den Besuchern erreicht.
- ☐ Gewährleistung eines guten Gesundheitszustandes der Pinguine während des Projektverlaufs

Nicht-Projektziele:
- ☐ Einschränkung des Lebensraums der Jackass-Pinguine innerhalb der Anlage zu Gunsten der Besucherattraktivität.
- ☐ Erhöhung der Zoo-Eintrittspreise
- ☐ Durchführung der Einweihungsfeier außerhalb des M&M Tiergartens M&M.

Projektphasen:
- ☐ Projektmanagement
- ☐ Analyse
- ☐ Planung
- ☐ Umsiedelung
- ☐ Sanierung
- ☐ Rücksiedelung
- ☐ Einweihung

Projektressourcen und -kosten:

Ressourcen-/Kostenart	Mengeneinheit	Kosten (in Euro)
Plan Eigenleistungen		200.000,–
Fremdleistungen		745.000,–
INV + Sachkosten		1.355.000,–
SUMME		2.300.000,–

Projektauftraggeber:
- ☐ Mike Masters
- ☐ GF M&M-Zoo

Projektleiter:
- ☐ Tina Tierlieb, Assistentin GF

Projektteam:
- ☐ Clair Care, Tierpflegerin (M&M Tiergarten)
- ☐ Desmond Doolittle, Tierarzt (M&M Tiergarten)
- ☐ Sandra Sponsor, Marketing (M&M Tiergarten)
- ☐ Ian Index, Controller (Tiergartenverwaltung)
- ☐ Barbara Bird, Ornithologe (extern)
- ☐ Patrick Plan, Architekt (extern)
- ☐ Manfred Maurer, Baumeister (extern)

Projektcoach:
- ☐ Tina Project
- ☐ Eve Interaktiv, extern

Tina Tierlieb (Projektleiter)

Mike Masters (Projektauftraggeber)

Beispiel eines unterschriebenen Projektauftrags

Beschreibung der Methode

Der Projektauftrag gliedert sich in eine zeitliche, eine sachliche und eine soziale Komponente. Die Inhalte sind ident mit den Inhalten in der Projektabgrenzung (siehe Methodenbeschreibung).

Der Projektauftrag wird von Projektleiter und vom Projektauftraggeber unterschrieben. Der Projektleiter übernimmt damit die Verantwortung, die vereinbarten Ziele mit den vereinbarten Leistungen zu den vereinbarten Terminen mit dem festgesetzten Budget zu erreichen. Der Projektauftraggeber sichert dem Projektleiter im Gegenzug die vereinbarten Ressourcen und das vereinbarte Budget zu (operative vs. strategische Verantwortung im Projekt). Die Unterschrift festigt die gegenseitige Vereinbarung und ist ein Signal eines professionellen Projektmanagements.

Der Projektauftrag erfolgt im Projektbeauftragungsprozess und wird von Projektauftraggeber und Projektleiter gemeinsam erstellt. Der Projektauftrag ist somit der Auslöser für den Projektstartprozess, wobei es im Zuge der Detailplanung noch zu Anpassungen und Ergänzungen kommen kann (vorläufiger vs. endgültiger Projektauftrag).

Empfehlenswert ist die Gestaltung einer Vorlage für einen unternehmensintern einheitlichen Projektauftrag, wodurch die Erstellung vereinfacht und eine Projektmanagement-Kultur im Unternehmen unterstützt wird.

Methode im Projektcontrolling

Der Projektauftrag gilt grundsätzlich für das gesamte Projekt. Sollten sich im Laufe des Projekts Rahmenbedingungen soweit ändern, dass sich wesentliche Abgrenzungen (zeitlicher, sachlicher oder sozialer Art) verändern (z. B. Erhöhung des Projektbudgets, Verschiebung des Projektendtermines, Änderung von Projektzielen), bedingt das die Aktualisierung des Projektauftrags und damit verbunden eine Neuvereinbarung zwischen Projektauftraggeber und Projektleiter (interner Changerequest).

Projektumweltanalyse

Die Projektumweltanalyse basiert auf der sozialen Projektkontextanalyse und ist ein Instrument zum Management der sozialen Beziehungen eines Projekts.

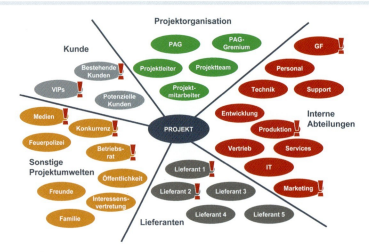

Beispiel einer Projektumweltanalyse gegliedert nach Clustern und bewertet nach möglichen Konflikten

Beschreibung der Methode

In der Projektumweltanalyse (PUA) werden die Beziehungen des Projekts zu relevanten Umwelten betrachtet. Unter relevanten Umwelten sind all jene Personen oder Institutionen zu verstehen, die einen (positiven und/oder negativen) Einfluss auf das Projekt nehmen können.

Grundidee der Projektumweltanalyse ist, dass Beziehungen gestaltbar sind und Beziehungsmanagement einen Teil des Projektmanagements darstellt.

Die relevanten Projektumwelten können zunächst in eine Grobgruppierung (Clusterung) eingeteilt werden. Dabei wird im ersten Schritt meist zwischen projektinternen Umwelten (Projektteam, Projektleiter, Projektauftraggeber) und projektexternen Umwelten unterschieden. Projektexterne Umwelten können in einem weiteren Schritt näher detailliert werden, beispielsweise in Kunden, Lieferanten, Behörden, Konkurrenten, aber auch Bereiche und Abteilungen des Unternehmens. Existieren innerhalb einer Gruppierung, wie beispielsweise bei den Lieferanten, unterschiedliche Erwartungen bzw. Interessen an dem Projekt, ist eine weitere Detaillierung in einzelne Umwelten zu empfehlen.

Sind alle relevanten Projektumwelten in einer strukturierten Darstellung erfasst, können sie hinsichtlich ihrer Beziehungen zum Projekt analysiert und kann der jeweilige Handlungsbedarf identifiziert werden. Dabei werden mögliche Konflikte und Potenziale näher analysiert und daraus konkrete Strategien und Maßnahmen zur erfolgreichen Gestaltung der Beziehungen abgeleitet. Ergebnis dieser Methodik ist eine To-Do-Liste, die Potenziale/Konflikte, Maßnahmen, Verantwortlichkeiten und terminliche Vereinbarungen enthält.

Umwelten	Beziehung (Potenzial/Konflikt)	Maßnahmen	Zuständigkeit	Termin
Bestehende Kunden	Event gegenüber sicher positiv eingestellt, Herausforderung diese auch zu entsprechenden Event zu bekommen	Örtlichkeit für bestehende Kunden sorgfältig auswählen (Lage, Anfahrt, etc.)	A. Huber	01.09.2007
		Entertainment bieten, Anreize schaffen und effizient kommunizieren	S. Schneider	12.09.2007
VIPs	Schlüsselpositionen können so anlassbezogen kontaktiert werden, Potenzial-Netzwerk auszubauen und zu festigen	Maßnahmen siehe „bestehende Kunden"	Siehe oben	Siehe oben
		Zentrale VIPs identifizieren und individuell mit definierten Verantwortlichkeiten ansprechen	A. Huber	12.09.2007
Konkurrenz	Möglichkeit, bei diesem Umfang Mitarbeiter „einzuschleusen" und Produkte/DL oder Mitarbeiter auszuforschen	Teilnehmerliste führen und Anmeldung über Accounter oder Verifizierung aller Anmeldungen	M. Grünberger	30.09.2007
		Kategorisierung von Informationen hinsichtlich Geheimhaltungsbedarf	R. Meier	10.08.2007
		Berücksichtigung bei Entscheidung über Veranstaltungsort (Werksspionage)	R. Meier	01.09.2007

Beispiel: Von der Projektumweltanalyse abgeleitete Maßnahmen, Zuständigkeiten, Termine

Methode im Projektcontrolling

Viele Probleme in Projekten ergeben sich durch Interventionen relevanter Projektumwelten. Es ist daher ein Erfolgsfaktor in Projekten, Projektumwelten professionell zu managen. Entsprechend dem Vorgehensmodell werden zunächst die Maßnahmen, die in der Planung für die jeweiligen Umwelten entsprechend den identifizierten Problemen definiert wurden, hinsichtlich der gewünschten Ergebnisse geprüft. Waren die Maßnahmen erfolgreich und sind die Probleme gelöst, können die kritischen Projektumwelten wieder auf „neutral" gesetzt werden. Waren diese nicht erfolgreich, sind neue Maßnahmen abzuleiten. Im zweiten Schritt werden etwaige neue relevante Umwelten ergänzt, es wird der Handlungsbedarf auf Grund des aktuellen Wissensstandes für alle Umwelten neu definiert und daraus werden erneut Maßnahmen zur Gestaltung der Beziehungen abgeleitet.

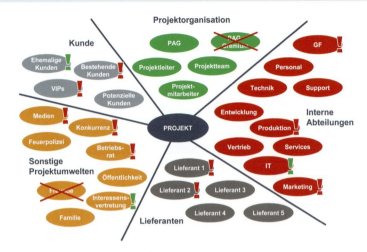

Beispiel einer Projektumweltanalyse im Projektcontrolling

Projektergebnisplan

Die Projektergebnisplanung ist eine optionale Methode, einen Überblick über die (physischen) Ergebnisse des Projekts zu generieren. Sie ist in erster Linie ein Hilfsmittel zur Erstellung eines Projektstrukturplans.

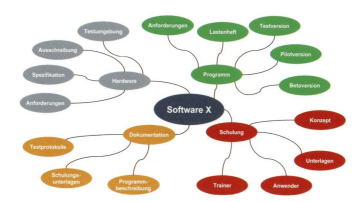

Beispiel eines Projektergebnisplans unter Verwendung der Mind-Map-Technik

Beschreibung der Methode

Bei der Ergebnisplanung werden (Teil-)Ergebnisse oder (Teil-)Objekte eines Projekts identifiziert, die während der Projektdurchführung berücksichtigt werden oder im Zuge der Projektdurchführung entstehen sollen. Ziel ist die Sicherstellung der gemeinsamen Sichtweise bezüglich der zu betrachtenden Ergebnisse sowohl im Projektteam als auch bei Vertretern von relevanten Umwelten.

Ergebnisse in Projekten sind materieller bzw. immaterieller Art, wie beispielsweise Gewerke bei Bauprojekten, Hardware- und Softwaremodule bei IT-Projekten, Managementdokumente wie Organigramme, Leitbild oder Prozessbeschreibungen bei Organisationsentwicklungsprojekten.

In der Projektplanung können die Ergebnisse hierarchisch in Teilergebnisse weiterzerlegt werden. Die Darstellungsform kann dabei, je nach Aufgabenstellung und persönlicher Neigung, unterschiedlich erfolgen.

Üblich sind grafische Aufbereitungen

» in Form eines Inhaltsverzeichnisses,

» in Form eines Strukturplans (Objektstrukturplan, häufig verwendet in Bau- und Anlagenbauprojekten, …),

» oder in Form von Mind Maps, in denen die jeweiligen Ergebnisse oder Objekte gemäß der Verästelung eines Baumes weiter aufgegliedert werden.

Oftmals werden Teilergebnisse (beispielsweise Gewerke) auch als Basis für Leistungsverzeichnisse gegenüber Lieferanten verwendet und erleichtern somit Fremdvergaben im Projekt.

Nach der detaillierten Erstellung der Projektergebnisse kann darüber nachgedacht werden, wann und wie diese in Form von Aktivitäten geplant, dokumentiert oder überarbeitet werden können und welche Ergebnisse Verwendung finden. Der primäre Vorteil des Ergebnisplans besteht demnach in der Planungsgrundlage für die Erstellung eines ablauforientierten Projektstrukturplans.

Methode im Projektcontrolling

Im Projektcontrolling hat diese PM-Methode eher untergeordnete Bedeutung, da sie primär zur Unterstützung bei der Erstellung eines Projektstrukturplans dient. Dieser ist die Grundlage eines periodischen Controllings der Leistungen im Projekt.

Wohl können sich aber im Laufe des Projekts die Betrachtungsobjekte verändern, was jedenfalls bedeutet, den Projektergebnisplan im Projektcontrolling-Workshop mit dem Projektteam zu überarbeiten und nachfolgend die Auswirkungen auf die im Projektstrukturplan dokumentierten Leistungen zu hinterfragen.

Projektstrukturplan

Der Projektstrukturplan ist eine der wichtigsten Planungs- und Controllingmethoden und das zentrale Kommunikationsinstrument im Projekt. Er bildet die Basis für sämtliche weitere Projektmanagementpläne sowie zur Definition der Verantwortlichkeiten im Projekt.

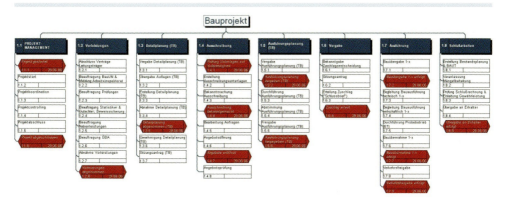

Beispiel eines phasenorientierten Projektstrukturplans inkl. Meilensteine

Beschreibung der Methode

Der Projektstrukturplan (PSP) gliedert das Projekt in Phasen, die in einzelne plan- und kontrollierbare Teilaufgaben, so genannte Arbeitspakete, unterteilt sind. Im PSP werden alle erforderlichen Leistungen zur Erreichung der Projektziele grafisch dargestellt.

Durch die Übersicht über alle zu leistenden Aufgaben schafft der Projektstrukturplan ein gemeinsames Verständnis des Projekts. Der PSP trägt wesentlich zur Vereinheitlichung des Projektverständnisses im Projektteam bei.

Der Projektstrukturplan gliedert das Projekt in der 2. Ebene in so genannte Projektphasen. Ein Erstansatz dieser Phasen wird, wie beschrieben, bereits im Zuge der Abgrenzung und Kontextanalyse erarbeitet. Nachfolgend wird jede Projektphase in der 3. Ebene wiederum in plan- und kontrollierbare Arbeitspakete untergliedert (überschaubar und klar zuordenbar). Somit entsteht eine vollständige Darstellung aller Leistungen im Projekt.

Da es bei der Definition der Arbeitspakete auf eine ablauforientierte Vorgehensweise ankommt, sollten diese auch ablauforientiert strukturiert werden. Das kann dadurch erreicht werden, dass der Projektleiter mit dem Projektteam jeden wesentlichen Schritt des Projekts gemeinsam diskutiert und diesen als Arbeitspaket definiert (Übliche Frage in der Moderation: „Wenn das erledigt ist, was ist dann der nächste Schritt?").

Der Projektstrukturplan wird grundsätzlich im Projektteam erstellt. Ein Erstansatz durch den Projektleiter kann hilfreich sein, sofern dieser im Projektteam diskutiert und optimiert werden kann (Erfolgsfaktor gemeinsame Sichtweise!).

Der Projektstrukturplan ist kein Termin-, Personaleinsatz- oder Kostenplan. Er ist auch kein Organigramm, bildet aber die Basis für die weiteren Schritte der Detailplanung (Terminplanung, Verteilung von Verantwortlichkeiten, Ressourcenplanung, Kostenplanung, Projektdokumentation). Für eine professionelle Projektplanung ist die Beibehaltung der Struktur des Projektstrukturplans die Basis für alle weiterführenden Methoden.

Der Projektstrukturplan ist das zentrale Kommunikationsinstrument bei Planung und Controlling des Projekts. Das Projekt soll daher in eine übersichtliche Anzahl von klar abgegrenzten Arbeitspaketen zerlegt werden. Das Arbeitspaket selbst soll, wie bereits kurz erwähnt, überschaubar und kontrollierbar bleiben (Dauer von vier bis sechs Wochen als Faustregel). Ein Mitglied aus dem Projektteam (AP-Verantwortlicher) sollte die inhaltliche und organisatorische Verantwortung für das Arbeitspaket übernehmen können. Der Detaillierungsgrad der Planung sollte dem im Controlling entsprechen.

Die Bezeichnung des Arbeitspakets soll Auskunft über die Inhalte geben. Deshalb sollten Arbeitspakete als Tätigkeiten formuliert sowie bekannte, eingeführte Begriffe und Abkürzungen sorgsam verwendet werden (z. B. Software implementieren, Erstansatz erstellen, Baustelle einrichten, Prozesse definieren). Falls erforderlich, kann eine detaillierte Beschreibung der Aufgaben innerhalb des Arbeitspakets mit einer Spezifikation erfolgen (vgl. Beschreibung der Methode zur Arbeitspaket-Spezifikation).

Generell empfiehlt es sich, sowohl die Projektphasen als auch die Arbeitspakete ablauforientiert zu strukturieren. Diese Vorgehensweise unterstützt die Überschaubarkeit des Projektstrukturplans als Planungs- und Controllinginstrument.

Aus Gründen der Übersichtlichkeit und Handhabung sollte die Anzahl der Projektphasen fünf bis sieben nicht überschreiten. Die Phase Projektmanagement mit den Arbeitspaketen Projektstart, Projektkoordination, Projektcontrolling, Projektmarketing und Projektabschluss ist elementarer Bestandteil jedes Strukturplans.

Im Sinne eines vollständigen Projektstrukturplans sollten die Projektergebnisse aus dem Projektergebnisplan geprüft werden.

Im Sprachgebrauch wird der Projektstrukturplan meist nur kurz PSP genannt, im Englischen ist dieser Plan als „Work Breakdown Structure", kurz „WBS", bekannt.

Methode im Projektcontrolling

Der PSP als Methodik der Leistungsplanung ist stets Betrachtungsgegenstand eines periodischen Projekt-controllings.

Dieses erfolgt zumeist in drei Schritten:

» Zunächst wird der Leistungsfortschritt der Arbeitspakete analysiert (entweder: nicht begonnen, in Arbeit, abgeschlossen oder: 0-25-50-75-100 %). Selbstverständlich geht diese Betrachtung mit der Frage der Qualität der Leistungserbringung einher.

» Nachfolgend werden die Probleme in den Arbeitspaketen identifiziert, Lösungsmöglichkeiten im Projektteam diskutiert sowie der notwendige Entscheidungsbedarf für den Projektauftraggeber bzw. Projektlenkungsausschuss aufbereitet.

» Abschließender Schritt ist die Zukunftsbetrachtung im Projekt – also die Aktualisierung der Restleistungen; dies bedeutet gegebenenfalls, auf Grund des neuen Wissensstandes Arbeitspakete zu ergänzen, Arbeitspakete zu streichen oder bestehende Arbeitspakete an Mehr- oder Minder-leistungen anzupassen.

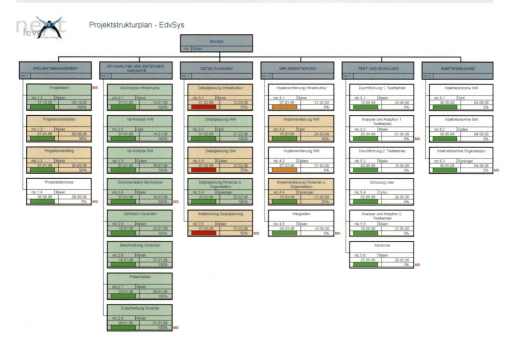

Beispiel für die Verwendung eines Projektstrukturplans im Projektcontrolling

Arbeitspaket-Spezifikationen

Die Arbeitspaket-Spezifikation basiert auf dem Projektstrukturplan und dient der genaueren und detaillierteren Beschreibung von Arbeitspaketen. Diese Methode stellt insbesondere bei Arbeitspaketen, die von Umfang und Komplexität her eine Detaillierung erfordern, einen Mehrwert an Orientierung dar.

ARBEITSPAKET-SPEZIFIKATION	
1.1.6, **Projektabschluss**	**AP-Inhalt** *(Was soll getan werden?)* » Planung Projektabschluss-Prozess » Vorbereitung und Durchführung Projektabschluss-Workshop » Planung und Fertigstellung inhaltlicher Restarbeiten » Leistungsbeurteilung und Auflösung des Projektteams » Letzte Überarbeitung der PM-Dokumentation und Erstellung des Projektabschlussberichtes » Transfer des gewonnenen Know-hows in die das Projekt durchführenden Stammorganisationen und in andere Projekte, Zentrale Archivierung Ergebnisse
	AP-Ergebnisse *(Was liegt nach Beendigung des Arbeitspaketes vor?)* » Restarbeiten definiert, Projektbeurteilung durchgeführt, Projektteam aufgelöst » Abschluss-Dokumentation und Projektabschlussberichte erstellt und abgelegt

Beispiel für eine Arbeitspaket-Spezifikation gegliedert nach Inhalten und Ergebnissen

Beschreibung der Methode

Die Arbeitspaket-Spezifikation ist die detaillierte Beschreibung eines Arbeitspakets (AP) hinsichtlich Inhalt und Ergebnis. Ziel ist es, sicherzustellen, dass alle Beteiligten im Projekt (vor allem Projektleiter und Arbeitspaket-Verantwortliche) dasselbe unter dem Arbeitspaket verstehen, um Missverständnisse zu vermeiden.

Arbeitspaket-Spezifikationen sind eine Weiterführung der im Projektstrukturplan geplanten Leistungen und konkretisieren jeweils die definierten Arbeitspakete. In den Inhalten werden die notwendigen Tätigkeiten im Arbeitspaket und in den Ergebnissen die Resultate der Arbeitspakete näher beschrieben. Arbeitspaket-Spezifikationen können optional auch weitere Informationen beinhalten, wie Ressourcenaufwand, Dauer oder Kriterien der Leistungsfortschrittsmessung.

Eine Spezifizierung ist nicht für alle Arbeitspakete erforderlich, sondern nur für jene, deren Art und Umfang unklar ist (unterschiedliches Verständnis). Arbeitspaket-Spezifikationen werden durch den AP-Verantwortlichen erstellt und im Projektteam abgestimmt.

Neben der erhöhten Planungsgenauigkeit sind Arbeitspaket-Spezifikationen ein wertvolles ergänzendes Instrument des Leistungscontrollings. Ein höherer Detaillierungsgrad eines Arbeitspakets ermöglicht auch eine fundiertere Basis für die Personaleinsatzplanung und die Kostenplanung pro Arbeitspaket.

Methode im Projektcontrolling

Arbeitspaket-Spezifikationen ermöglichen „mehr Tiefgang" im Leistungscontrolling von Projekten. So können nicht nur Aussagen über den Status eines Arbeitspakets getroffen („begonnen" oder „abgeschlossen"), sondern auch Inhalte und Ergebnisse im Detail evaluiert werden. Außerdem kann bei Unklarheit über notwendige Aufgaben im Projekt Klarheit über die zuständigen Arbeitspakete geschaffen werden.

Definition von Zuständigkeiten: Arbeitspaket-Verantwortliche und Funktionendiagramm

Verantwortungen im Projekt klar zu definieren ist ein wesentlicher Erfolgsfaktor. Mit der Definition von Zuständigkeiten werden die Verantwortungen für die Arbeitspakete eindeutig festgelegt. Grafisch können diese Verantwortungen in Form eines Funktionendiagramms (FD) oder im Projektstrukturplan dargestellt werden.

PSP-Code	Phase / Arbeitspaket	S. Schwendtner PAG	A. Peschke PL	S. Gavor PTM	R. Schiefer PTM	T. Schleiss PTM	C. Sterrer PTM	C. Leitner PTM	B. Schneeweiss PTM	W. Rabl PTM	M. Popp PMA	G. Winkler PMA	B. Weidinger PMA	A. Kogler PMA
1	One.Hundred													
1.1	PROJEKTMANAGEMENT													
1.1.1	Projekt gestartet													
1.1.2	Projektstart	E	V	M	M	M	M	M	M	M				
1.1.3	Projektkoordination		V											
1.1.4	Projektcontrolling	E	V	M	M	M	M	M	M	M				
1.1.5	Projektmarketing	E	V	M	M	M	M	M	M	M				
1.1.6	Projektabschluss	E	V	M	M	M	M	M	M	M				
1.1.7	Projekt abgeschlossen													
1.2	ERHEBUNG													
1.2.1	Erwartungen GFs erheben	M	V											
1.2.2	Bisherige Events analysieren		M			M				V				
1.2.3	Kundenkontakte erheben		M			V								M
1.2.4	Erwartung Vertrieb erheben					V								M
1.2.5	Ideen von Mitarbeitern sammeln	M	M	M	M	M	M	M	M	V				
1.2.6	Erwartungen konsolidiert													
1.2.7	Potenzielle Termine identifizieren	M	M			M			M	V				
1.2.8	Anekdoten und Highlights sammeln	M	M	M	M	M	V	M	M	M	M	M	M	M
1.3	KONZEPTION													
1.3.1	Grobkonzept erstellen	E	V	M	M	M	M	M	M					
1.3.2	Termin internes/externes Event definieren	M	M											
1.3.3	Termine fixiert													
1.3.4	Interne Kommunikation durchführen		M							V				
1.3.5	Anforderungen Veranstaltungsort definieren		M	V		M			M	M		M		
1.3.6	Veranstaltungsorte analysieren											V	M	
1.3.7	Veranstaltungsort und TN-Kreis verabschieden	E	V			M								
1.3.8	Ort und TN-Kreis fixiert													
1.3.9	Catering-Angebote erheben		M	V										
1.3.10	Entertainment-Angebote erheben		M							V				

Darstellung der Verantwortung (V), Mitarbeit (M), Entscheidung (E) und Information (I) im Funktionendiagramm

Beschreibung der Methode

Komplexe Projekte benötigen die Mitarbeit mehrerer Personen, oft sogar die Mitarbeit mehrerer Organisationseinheiten (Abteilungen, Bereiche, Externe). Damit diese Arbeitsverteilung gelingt, ist es erforderlich, klare Zuständigkeiten im Projekt zu vergeben.

Diese Zuständigkeiten können in Form von Arbeitspaket-Verantwortlichen festgelegt werden. Jedem Arbeitspaket wird genau ein Verantwortlicher zugeteilt. Das bedeutet nicht automatisch, dass dieser das Arbeitspaket alleine abarbeitet; die Abarbeitung kann auch in Form eines Subteams erfolgen. Der Arbeitspaket-Verantwortliche übernimmt die Verantwortung (V) und somit das Management des Arbeitspakets.

In vielen Projekten, insbesondere in kleineren, ist die Definition der Arbeitspaket-Verantwortlichen aus dem Kreise der Teammitglieder heraus ausreichend. Dokumentiert werden die Verantwortungen meistens im Projektstrukturplan. Sollen aber bei einem komplexeren Projekt neben dem Arbeitspaket-Verantwortlichen auch die zusätzlichen Projektmitarbeiter transparent dargestellt werden, ist die Erstellung eines Funktionendiagramms (Verantwortungsmatrix) anzuraten.

Der Aufbau eines Funktionendiagramms entspricht einer zweidimensionalen Matrix. In den Zeilen werden die Arbeitspakete und in den Spalten die Projektrollen (Projektauftraggeber, Projektleiter, Projektteammitglied, Projektmitarbeiter) gelistet. In den Kreuzungsfeldern der Matrix werden die wahrzunehmenden Funktionen (V = Verantwortung, also Arbeitspaket-Verantwortlicher; M = Mitarbeit, optional auch I = bekommt oder liefert Information; E = Entscheidung) dargestellt.

Die Definition von Zuständigkeiten in Form von AP-Verantwortlichen oder in Form eines Funktionendiagramms verbindet die Leistungen im Projektstrukturplan mit den Projektbeteiligten aus dem Projektorganigramm.

Auf Grund der einfachen Darstellung ist ein Funktionendiagramm ein wesentliches Kommunikationsinstrument im Projekt. Durch die detailliertere Darstellung der an Arbeitspaketen beteiligten Personen wird auch die Personaleinsatzplanung unterstützt.

Methode im Projektcontrolling

Im Controlling kann ein Funktionendiagramm auch als Instrument des Konfliktmanagements gesehen werden. Es regelt klar die Zuständigkeiten und Mitarbeit innerhalb von Arbeitspaketen.
Eine Anpassung des Funktionendiagramms bzw. der Arbeitspaket-Verantwortung ist immer dann notwendig, wenn gemeinsam über Veränderungen von Zuständigkeiten, beispielsweise durch Ressourcenverschiebungen, entschieden wird bzw. Arbeitspakete im PSP hinzugefügt oder gestrichen werden.

Projektmeilensteinplan

Der Projektmeilensteinplan ist eine Methode der Grobterminplanung. Er dient dazu, die Energie des Projektteams auf wichtige, terminkritische Ereignisse zu fokussieren, auf so genannte Meilensteine. Basis der Meilensteinplanung wie auch der Detailterminpläne ist der Projektstrukturplan.

PROJEKT-MEILENSTEINPLAN				
PSP-Code	Meilenstein	Basis-termine	Aktuelle Termine	Ist-Termine
1.1.1	Projekt gestartet	17.02.06	17.02.06	
1.2.6	Erwartungen konsolidiert	24.03.06	24.03.06	
1.3.3	Termine fixiert	31.03.06	31.03.06	
1.3.8	Ort und TN-Kreis fixiert	28.04.06	28.04.06	
1.3.13	Konzeption abgeschlossen	09.06.06	09.06.06	
1.4.4	Einladungen versendet	23.06.06	23.06.06	
1.4.15	Detailablauf abgestimmt	04.08.06	04.08.06	
1.5.6	Events durchgeführt	01.09.06	01.09.06	
1.5.13	Homepage freigeschalten	29.09.06	29.09.06	
1.1.7	Projekt abgeschlossen	06.10.06	06.10.06	

Beispiel eines Meilensteinplans

Beschreibung der Methode

Unter Meilensteinen werden wesentliche, terminkritische Ereignisse (Dauer = 0) im Projektverlauf verstanden. Geht es bei der Bezeichnung der Arbeitspakete um Tätigkeiten, ist bei den Meilensteinen das Ereignis für den Betrachter relevant und klar zu formulieren (z. B. Genehmigung liegt vor, Entscheidung getroffen, Probebetrieb gestartet, Abnahmeprotokoll unterzeichnet). Dementsprechend ist, im Unterschied zu Arbeitspaketen (Tätigkeiten), auf eine zeitpunktbezogene Formulierung zu achten (nicht: „Pflichtenheft erstellen", sondern: „Pflichtenheft abgenommen" oder „Pflichtenheft fertig gestellt").

Je nach Komplexität des Projekts sollten zwischen fünf und zehn Meilensteine definiert werden. „Projekt gestartet" und „Projekt abgeschlossen" bilden dabei den ersten und letzten Meilenstein. Im Sinne der Feinterminplanung kann der Meilensteinplan durch einen detaillierten Balkenplan auf Arbeitspaket-Ebene ergänzt werden.

Die Projektmeilensteine werden zunächst im Projektstrukturplan identifiziert (Beginn oder Ende von Arbeitspaketen oder Phasen), danach in eine Meilensteintabelle eingetragen und mit Terminen versehen. Diese Termine ergeben sich dabei aus einer Abschätzung des Zeitaufwands zur Erreichung der Meilensteine und damit verbunden aus einer Abschätzung der dazu notwendigen Arbeitspakete.

Der Meilensteinplan gibt somit einen guten Überblick über die Termine im Projektverlauf. Aus dem Plan ist ersichtlich, zu welchem Zeitpunkt eine Anzahl von definierten Arbeitspaketen abgeschlossen sein sollte. Der Meilensteinplan eignet sich demnach auch als Kommunikationsinstrument gegenüber Projektauftraggebern und Vertretern relevanter Projektumwelten.

Methode im Projektcontrolling

Der Meilensteinplan ist nicht nur ein Instrument der Grobterminplanung, sondern auch des Termincontrollings. Demzufolge ist nicht nur die Darstellung der Plantermine, sondern auch der aktuellen Termine und der Ist-Termine in einer Übersicht sinnvoll.

Im Zuge der Planung des Projekts werden zuerst im Projektteam die aktuellen Termine erarbeitet, basierend auf den Arbeitspaketen und deren jeweils geschätzter Dauer sowie den Abhängigkeiten der Arbeitspakete untereinander. Entsprechen diese Termine den Vorgaben des Auftraggebers bzw. bei externen Projekten auch denen des Kunden, werden diese als Basistermine abgespeichert und eingefroren. Ist-Termine sind jene Termine, an denen die Meilensteine tatsächlich erreicht wurden.

Im Zuge des Projektcontrollings werden nun die Ist-Termine im Meilensteinplan eingetragen. Ergeben sich Terminverschiebungen, sind die aktuellen Meilensteintermine entsprechend der neuen Einschätzung zu akualisieren, wobei dies stets bis zum letzten Meilenstein „Projekt abgeschlossen" erfolgen sollte. Die terminliche Abweichung bezüglich der Erstplanung ist also immer auf Grund des Vergleichs der aktuellen Termine mit den Basisterminen möglich.

PROJEKT-MEILENSTEINPLAN Stichtag: 20.04.06				
PSP-Code	Meilenstein	Basis-termine	Aktuelle Termine	Ist-Termine
1.1.1	Projekt gestartet	17.02.06	17.02.06	17.02.06
1.2.6	Erwartungen konsolidiert	24.03.06	31.03.06	31.03.06
1.3.3	Termine fixiert	31.03.06	15.04.06	15.04.06
1.3.8	Ort und TN-Kreis fixiert	28.04.06	05.05.06	
1.3.13	Konzeption abgeschlossen	09.06.06	20.06.06	
1.4.4	Einladungen versendet	23.06.06	30.06.06	
1.4.15	Detailablauf abgestimmt	04.08.06	10.08.06	
1.5.6	Events durchgeführt	01.09.06	01.09.06	
1.5.13	Homepage freigeschalten	29.09.06	29.09.06	
1.1.7	Projekt abgeschlossen	06.10.06	06.10.06	

Beispiel für einen Meilensteinplan im Projektcontrolling

Projektbalkenplan

Der Projektbalkenplan kann als detaillierte Ergänzung eines Meilensteinplans verstanden werden, zeigt er doch zusätzlich die Dauer und zeitliche Lage der Arbeitspakete und der zugehörigen Projektphasen.

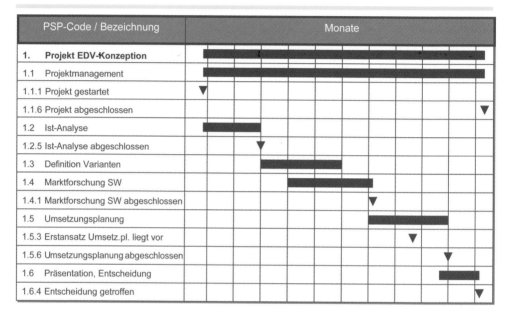

Beispiel eines Projektbalkenplans (Phasen und Meilensteine)

Beschreibung der Methode

Der Projektbalkenplan ist eine grafische Darstellung der Phasen- und Arbeitspaket-Termine in Form von Zeitbalken. Der Balkenplan unterscheidet sich in seinem Informationsgehalt (Start- und Endtermin, Dauer der Phasen und Arbeitspakete) nicht von der Terminliste. Durch die Art der grafischen Darstellung in Form von zeitproportionalen Balken werden Durchlaufzeiten und Parallelitäten besser sichtbar gemacht.

Je nach Komplexität des Projekts kann ein Balkenplan auf Phasenebene oder auf Arbeitspaketebene erstellt werden. Als Basis für den Balkenplan wird immer der Projektstrukturplan herangezogen. Üblicherweise werden neben den Phasen und Arbeitspaketen auch die Meilensteine im Balkenplan visualisiert. Ist auf Grund der Projektkomplexität und der klaren Abhängigkeiten eine weitere Detaillierung sinnvoll, kann dies in Form von vernetzten Balkenplänen erfolgen.

In vernetzten Balkenplänen werden nicht nur die Dauer eines Projekts und die zeitliche Lage der Phasen bzw. Arbeitspakete in zeitproportionalen Balken dargestellt, sondern auch die Abhängigkeiten der Arbeitspakete gemäß der Ablauflogik des Projekts. Diese Netzplantechnik kann entweder für einzelne Phasen (beispielsweise nur für Montage) oder für das gesamte Projekt eingesetzt werden. Dadurch werden Zusatzinformationen generiert, wie der „kritische Weg" (= jene Abfolge von Arbeitspaketen, deren Verzögerung direkten Einfluss auf das Projektende hat) oder Pufferzeiten. Dieser Zusatznutzen sollte jedoch immer in Relation zum erhöhten Wartungsaufwand dieser Pläne gesetzt und projektspezifisch entschieden werden.

Der Projektbalkenplan wird häufig, abgeleitet aus dem Englischen, als Gantt-Diagramm/Chart bezeichnet.

Methode im Projektcontrolling

Ähnlich dem Controlling des Meilensteinplans wird auch im Controlling des Balkenplans zwischen Stichtag, Basisplan und aktuellem Plan unterschieden. Auch hier ist die Philosophie, den Basisplan nach Absprache mit dem Auftraggeber einzufrieren, um sämtliche projektbedingte Terminanpassungen und Auswirkungen jederzeit im direkten Vergleich zur ursprünglichen Planung betrachten zu können.

Werden im Zuge eines Projektcontrollings Termine oder sogar der Projekt-Endtermin verschoben, sind diese Änderungen im Projektfortschrittsbericht zu dokumentieren und mit dem Projektauftraggeber abzustimmen.

Die Darstellung des Balkenplans bzw. der Ansicht zwischen aktuellem Plan und Basisplan wird durch gängige Projektmanagement-Softwarelösungen unterstützt und visualisiert (Basisplan).

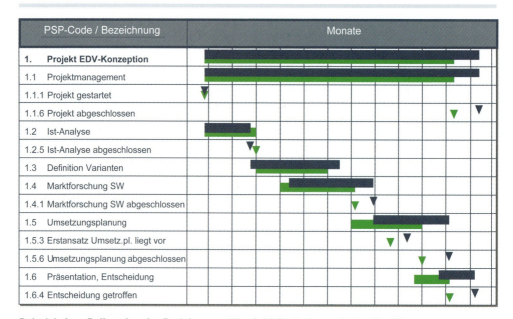

Beispiel eines Balkenplans im Projektcontrolling inkl. Basisplan und aktuellen Plan

Personaleinsatzplan (Projektressourcenplan)

Die Projektressourcenplanung basiert auf der Leistungsplanung. Sie quantifiziert für das Gesamt-projekt den Ressourcenbedarf (Personalbedarf) pro Arbeitspaket bzw. pro Phase. Diese Methode schafft somit eine Basis für die Klärung der Verfügbarkeit von Ressourcen im Projekt.

Phasen	Arbeitsaufwand in PT				
Organisationseinheiten	Basis	Ist	Rest	Aktuell	Abweichung
1.1 PROJEKTMANAGEMENT	30,5		30,5	30,5	
GF und Stäbe	15,5		15,5	15,5	
Entwicklung	3,0		3,0	3,0	
Vertrieb	3,0		3,0	3,0	
Produktion	3,0		3,0	3,0	
Technik	3,0		3,0	3,0	
Support	3,0		3,0	3,0	
1.2 ERHEBUNG	22,5		22,5	22,5	
GF und Stäbe	8,5		8,5	8,5	
Entwicklung	1,5		1,5	1,5	
Vertrieb	6,0		6,0	6,0	
Produktion	1,5		1,5	1,5	
Technik	1,5		1,5	1,5	
Support	3,5		3,5	3,5	
1.3 KONZEPTION	22,0		22,0	22,0	
GF und Stäbe	10,5		10,5	10,5	
Entwicklung	2,0		2,0	2,0	
Vertrieb	4,0		4,0	4,0	
Produktion	1,0		1,0	1,0	
Technik	1,5		1,5	1,5	
Support	3,0		3,0	3,0	

Beispiel eines Personaleinsatzplans auf Phasenebene, differenziert nach Abteilungen

Beschreibung der Methode

In der Projektressourcenplanung werden alle Ressourcen des Projekts geplant, insbesondere die Per-sonalressourcen (Personaleinsatzplan). Weitere Ressourcenarten könnten beispielsweise Maschinen, Produktionsflächen etc. sein.

Im Projektpersonaleinsatzplan wird in tabellarischer Form der Personalbedarf in Arbeitstagen oder Arbeitsstunden für das Projekt dargestellt. Je nach Projektart und -größe kann der Personalaufwand nach Personalkategorien (z. B. Fachpersonal, Programmierer, Techniker) oder nach funktionalen Orga-nisationseinheiten (wie z. B. Marketing, IT, Controlling sowie Externe) geplant werden.

Die Planung des Personaleinsatzes erfolgt, vergleichbar der Terminplanung, auf Erfahrungswerten und auf Basis des Projektstrukturplans. Durch den ablauforientierten Projektstrukturplan können perso-nelle Engpässe entsprechend dargestellt und erkannt werden. Die Detaillierung der Personaleinsatz-planung kann sowohl auf Arbeitspaket- als auch auf Phasenebene erfolgen.

Besonderes Augenmerk gilt der Planung der Engpassressourcen (Personalkategorien, Organisations-einheiten, spezifische Schlüsselpersonen), die eine geringe Verfügbarkeit und/oder hohe Kosten aufwei-sen, da diese eine rechtzeitige Abstimmung mit den Linienvorgesetzten (Abteilungs- oder Bereichs-leitern) erfordern.

Ohne Hinterlegung der Leistungsplanung mit den nötigen Ressourcen und der Klärung der Verfügbar-keiten kann ein Projektterminplan nur als Erstansatz verstanden werden. Da gerade die Personaleinsatz-planung in vielen Projekten nicht oder nur unzureichend erfolgt, sind auch die Terminpläne häufig viel zu optimistisch und können nicht gehalten werden.

In der Erstellung von Ressourcenplänen hat es sich bewährt, die Abschätzung der Ressourcen zunächst durch die Arbeitspaket-Verantwortlichen durchzuführen und dies erst im zweiten Schritt im Team zu konsolidieren. Dadurch steigt nicht nur die Planungsgenauigkeit, sondern auch die Motivation der Team-mitglieder.

Prinzipiell unterstützen gängige Projektmanagement-Softwarelösungen die Methodik der Personal-einsatzplanung. In der Praxis sind die Softwareprodukte in der Bedienung jedoch oft so komplex, dass die Fokussierung auf die Verfügbarkeit von Engpassressourcen in vielen Fällen sinnvoll erscheint.

Methode im Projektcontrolling

Häufig werden in den Projekten den Plan-Ressourcen nur die bisher angefallenen Ressourcen – die so genannten Ist-Ressourcen – gegenübergestellt. Durch diesen Vergleich ist ein prognostizierter Gesamt-ressourcenaufwand des Projekts aber nicht möglich.

Daher sollten die AP-Verantwortlichen neben den Ist-Ressourcen auch die noch notwendigen Rest-Ressourcen zur Fertigstellung der Arbeitspakete an den Projektleiter melden. Dieser kann dann durch die Summierung der Ist- und Rest-Ressourcen eine Hochrechnung (Prognose bis Projektabschluss) und damit einen Vergleich mit den ursprünglich geplanten Ressourcen durchführen.

	Basis	Ist	Rest	Aktuell	Abw.
AP 1					
AP 2					
AP 3					
AP 4					
AP 5					
AP 6					
AP 7					
AP 8					
AP 9					

Personaleinsatzplan im Projektcontrolling

Projektkostenplan

Die Projektkostenplanung wird auf Basis der Leistungsplanung und der anfallenden Kostenarten im Projekt erstellt und gibt Aufschluss über die geplanten Projektkosten, das Budget.

Phasen		Kosten in €				
Kostenarten	Basis	Ist	Rest	Aktuell	Abweichung
1.1 PROJEKTMANAGEMENT	14.050,0		14.050,0	14.050,0	
Personalkosten	14.050,0		14.050,0	14.050,0	
Fremdleistungskosten					
Sonstige Kosten					
1.2 ERHEBUNG	9.775,0		9.775,0	9.775,0	
Personalkosten	9.775,0		9.775,0	9.775,0	
Fremdleistungskosten					
Sonstige Kosten					
1.3 KONZEPTION	26.900,0		26.900,0	26.900,0	
Personalkosten	9.900,0		9.900,0	9.900,0	
Fremdleistungskosten	17.000,0		17.000,0	17.000,0	
Sonstige Kosten					
1.4 VORBEREITUNG	22.700,0		22.700,0	22.700,0	
Personalkosten	16.200,0		16.200,0	16.200,0	
Fremdleistungskosten	2.000,0		2.000,0	2.000,0	
Sonstige Kosten	4.500,0		4.500,0	4.500,0	
1.5 DURCHFÜHRUNG und NACHBEREITUNG	26.850,0		26.850,0	26.850,0	
Personalkosten	15.350,0		15.350,0	15.350,0	
Fremdleistungskosten	11.500,0		11.500,0	11.500,0	
Sonstige Kosten					
1 One.Hundred	100.275,0		100.275,0	100.275,0	
Personalkosten	65.275,0		65.275,0	65.275,0	
Fremdleistungskosten	30.500,0		30.500,0	30.500,0	
Sonstige Kosten	4.500,0		4.500,0	4.500,0	

Beispiel eines Projektkostenplans auf Phasenebene, differenziert nach Kostenarten

Beschreibung der Methode

Im Projektkostenplan werden die projektbezogenen Kosten geplant. Je nach Projektart und Kostenstruktur im Unternehmen bewährt sich eine Differenzierung der Projektkosten nach Kostenarten. Bei den meisten Projekten bilden die Personalkosten, die Materialkosten sowie die Fremdleistungskosten die wesentlichen Kostenarten.

In der Projektkostenplanung werden entsprechend der Projektabgrenzung und Projektkontextanalyse nur die dem Projekt eindeutig zuordenbaren Kosten zwischen Projektstart und Projektende geplant. Der Projektkostenplan ist somit nicht gleichbedeutend mit einem Business-Case, da in diesem die Kosten und Erträge nicht nur über die Projektdauer, sondern über den Produktlebenszyklus kalkuliert werden.

Obwohl (interne) Personalkosten nicht ausgabewirksam sind, sollten sie aus Gründen der Kostentransparenz in der Projektkostenplanung berücksichtigt werden.

Es empfiehlt sich aus Gründen der Nachvollziehbarkeit, nicht nur Gesamtkosten, sondern auch die zugrunde liegenden Größen (Mengengerüste, Verrechnungssätze) zu dokumentieren.

Selbst wenn Projekte unverzichtbar sind oder bereits ein Pauschalangebot für einen Kunden verein-bart wurde (bei Auftragsabwicklung in Projektform), sollten die Kosten entsprechend den definierten Arbeitspaketen geplant werden. Letztendlich ist das Projektteam für die Einhaltung der vereinbarten Projektkosten verantwortlich.

Da in den meisten Projekten die Personalkosten einen erheblichen Teil der Kosten ausmachen, ist der Personaleinsatzplan eine wichtige Basis für die Ermittlung der Projektkosten (Multiplikation der ge-planten Stunden mit dem Stundensatz).

Methode im Projektcontrolling

Sind die Plan-Kosten (das Projektbudget) erstellt, werden die Ist-Kosten und die Rest-Kosten („Cost to complete") erfasst. Diese Kostenerfassung im Rahmen des Projektcontrollings (gleich wie im Ressourcencontrolling) geschieht entweder auf Arbeitspaket- oder auf Phasenebene. Die Rest-Kosten beziehen sich auf die noch anfallenden Kosten bis zur Fertigstellung der Arbeitspakete.

Die Ist- und Rest-Kosten werden vom Arbeitspaket-Verantwortlichen sinnvollerweise vor einer Cont-rollingsitzung an den Projektleiter gemeldet. Dieser erstellt eine Gesamtkostentabelle, die aus der Summe der Ist- und Rest-Kosten (auch als Hochrechnung bezeichnet) die Abweichung zur ursprüngli-chen Planung aufzeigt. Abweichungen sollten einer Abweichungsanalyse unterzogen werden, um ge-meinsam mit dem Projektauftraggeber darauf aufbauend steuernde Maßnahmen abzuleiten.

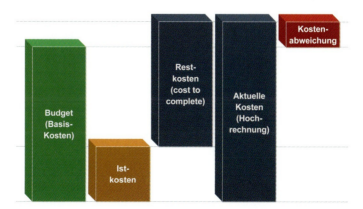

Darstellung des Projektbudgets im Vergleich zu den Projektcontrollingdaten

Projektorganigramm

Das Projektorganigramm stellt die Aufbauorganisation des Projekts dar und klärt, wer in welcher Rolle im Projekt mitarbeitet.

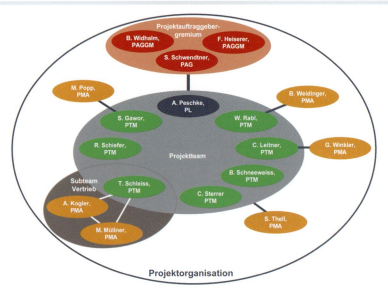

Beispiel eines Projektorganigramms, der Projektrollen sowie der Rollenträger

Beschreibung der Methode

Ein Projektorganigramm ist ein Instrument zur grafischen Darstellung der Projektorganisation. Im Projektorganigramm werden die Projektrollen (z. B. Projektleiter) sowie deren Beziehungen zueinander dargestellt. Üblicherweise werden Projektorganigramme durch Tabellen ergänzt, die neben der Projektrolle auch den Namen des Rolleninhabers beinhalten und dessen Rolle in der Linienorganisation beschreiben. Dadurch sind nicht nur Rolle und Person, sondern auch die fachliche Zusammensetzung des Projektteams ersichtlich.

Je nach Komplexität des Projekts werden in einem Organigramm nicht nur Projektauftraggeber, Projektleiter und Teammitglieder, sondern auch Projektlenkungsausschuss, Projektmitarbeiter, Projektcoach und Projektbüro dargestellt.

Statt der traditionellen hierarchischen Darstellung empfiehlt sich für das Projektorganigramm die Darstellung in Netzwerkform (vgl. Abbildung). Diese zielt weniger auf Hierarchie ab (Weisungsbefugnisse etc.), sondern vielmehr auf die Zusammenarbeit der Rollenträger und die projektinternen Kommunikationsstrukturen.

Vertiefende Methoden für den Aufbau der Projektorganisation sind, neben dem Projektorganigramm, Rollenbeschreibungen und eine Übersicht über die Kommunikationsstrukturen, die nach Inhalten und Frequenz festgelegt werden.

Projektrollen können im Sinn einer integrierten Projektorganisation auch von abteilungs- bzw. unternehmensexternen Personen wahrgenommen werden. Diese Praxis gewinnt immer mehr an Bedeutung, da in Projekten oft unternehmensübergreifende Aufgaben zu lösen sind. Integrierte Projektorganisation bedeutet demnach, dass die Projektorganisation nicht auf die Stammorganisation des Unternehmens begrenzt ist, sondern, entsprechend den erforderlichen Kompetenzen für das Projekt, auch unternehmensübergreifend gebildet wird. Somit werden auch Externe (Kunden, Lieferanten, Kooperationspartner) zu Projektteammitgliedern. Inwieweit dies in der Praxis sinnvoll und möglich ist, hängt nicht zuletzt von der Projektkultur des Unternehmens und der beteiligten Firmen ab.

Methode im Projektcontrolling

Im Rahmen des Projektcontrollings ist zu überprüfen, ob es personelle Veränderungen gegeben hat – beispielsweise durch Änderung des Leistungsumfangs oder wegen organisatorischer Probleme in der Projektorganisation. Dies würde zu einer Aktualisierung im Projektorganigramm führen.

Projektrollen

In Projekten gibt es üblicherweise die folgenden Rollen: Projektauftraggeber, Projektleiter, Projekt-teammitglieder und Projektmitarbeiter. Entsprechend der Komplexität des Projekts können weitere Rollen, wie ein Lenkungsausschuss (Auftraggebergremium), ein Projektoffice, ein Projektcoach oder Projektmitarbeiter definiert werden. Welche konkreten Aufgaben und Kompetenzen mit diesen Rol-len verbunden sind, bleibt jedoch oftmals vage oder ungeklärt, was zu entsprechenden Konflikten in Projekten führt.

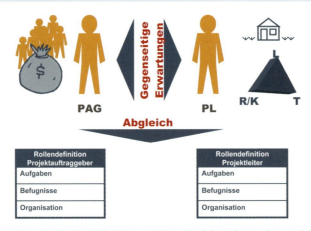

Darstellung einer relationalen Rollendefinition zwischen Projektauftraggeber und Projektleiter

Ähnlich wie in der Stamm- oder Linienorganisation, in der Stellenbeschreibungen für die meisten Rollen (z. B. Abteilungsleiter) existieren, sollten auch bei temporären Organisationen Rollen näher beschrieben werden. Generelle Aufgaben einer Rolle werden von Projekt zu Projekt identisch sein, spezifische Aufgaben hängen jedoch von der Komplexität und den Rahmenbedingungen des Projekts sowie von den Projektbeteiligten ab.

Projektrollen werden grundsätzlich über Aufgaben (Verantwortlichkeiten) und Kompetenzen (Befugnisse) beschrieben. Dabei sollten die Aufgabenstellungen und die daraus resultierenden Verantwortungen mit der Übertragung von Kompetenzen einhergehen. Wer für die Einhaltung von Terminen verantwort-lich ist, sollte auch bei deren Festlegung mitwirken; und er sollte über entsprechende Handlungs-kompetenzen verfügen, um steuernde Maßnahmen setzen zu können.

Es hat sich in der Praxis bewährt, Standard-Rollenbeschreibungen als Diskussionsgrundlage für die Rollenklärung in Projekten heranzuziehen (vgl. nachfolgende Rollenbeschreibungen). Dadurch fällt es leichter, definierte Aufgaben zu verteilen und erforderliche Kompetenzen sicherzustellen.

Durch eine relationale (wechselseitige) Rollendefinition haben die Projektbeteiligten die Möglichkeit, ihre gegenseitigen Erwartungen abzustimmen. Solche Vereinbarungen ermöglichen eine handlungsorientierte Beziehung zwischen den Rollenträgern und sie leisten damit einen Beitrag zur Vorbeugung von Rollenkonflikten.

Erwartungen, die für alle Projektbeteiligten zutreffen, können auch in den Spielregeln dokumentiert werden. Operative projektspezifische Aufgaben, wie beispielsweise die Erledigung von Arbeitspaketen, werden nicht in den Rollenbeschreibungen dokumentiert, sondern in den jeweiligen Projektmanagement-Methoden festgehalten.

Projektauftraggeber (PAG)

Organisatorische Stellung

>> Ist Teil des Projektlenkungsausschusses (falls vorhanden) und somit der Projektorganisation

>> Wird vom Projektsteuerkreis eingesetzt und ist mit dem Projektleiter für den Projekterfolg mit-
verantwortlich

>> Ist projektbezogen dem Projektleiter gegenüber weisungsbefugt und steuert das Projekt gemein-
sam mit diesem auf der strategischen Ebene

>> Steht projektbezogen für die Wahrnehmung der Unternehmensinteressen

Aufgaben

>> Auswahl des Projektleiters und Unterstützung bei der Besetzung des Projektteams

>> Formulierung und Unterzeichnung des Projektauftrags (gemeinsam mit Projektleiter)

>> Führung des Projektleiters

>> Teilnahme am Projektstart-Workshop

>> Zielvereinbarung mit dem Projektteam

>> Beitrag zur Konstruktion des Projektkontextes

>> Bewertung der Projektressourcen und des Budgetbedarfs

>> Beitrag zum Projektmarketing

>> Beitrag zur Konfliktbewältigung

>> Durchführung von Projektauftraggebersitzungen

>> Strategisches Projektcontrolling, Förderung der Veränderung im Projekt

>> Treffen von anstehenden Projektentscheidungen

>> Laufende Informationsweitergabe über den Projektkontext an den Projektleiter

>> Unterstützung bei der Eskalation auf Basis zugesagter, jedoch nicht verfügbarer Projektressourcen
oder Finanzmittel

>> Beitrag zur Gestaltung der Projektmanagement-Teilprozesse Projektstart, Projektcontrolling,
Krisenbewältigung und Projektabschluss

>> Inhaltliche Beiträge zur Krisenbewältigung

>> Wechselseitiges Feedback mit dem Projektteam

>> Teilnahme am Projektabschluss-Workshop

>> Beitrag zur Sicherung des Know-how-Transfers in die Linienorganisation

>> Formaler Projektabschluss

Organisatorische Rechte

>> Auswahl des Projektleiters

>> Auswahl des Projektteams gemeinsam mit dem Projektleiter

>> Projektbezogene Weisungsbefugnis gegenüber dem Projektleiter (der konkrete Handlungsspiel-
raum des Projektleiters ist projektspezifisch zu vereinbaren)

>> Veränderung der Projektziele

>> Einkaufsentscheidung über € ...

>> Definition einer Projektkrise

>> Entscheidung Projektabbruch

>> Interne Projektabnahme und Entlastung des Projektleiters

>> Leserechte über das gesamte spezifische Projekt

>> Freigabe von Zieladaptionen

>> Freigabe von Termin-, Ressourcen- und Kostenänderungen

Projektleiter (PL)

Organisatorische Stellung

» Ist Teil des Projektteams und somit der Projektorganisation

» Berichtet dem Projektauftraggeber und ist diesem gegenüber projektbezogen weisungsgebunden

» Koordiniert die anderen Projektteammitglieder und -mitarbeiter und ist projektbezogen diesen gegenüber weisungsbefugt

» Vertreter des Projekts gegenüber den projektspezifischen Umwelten

Aufgaben

» Formulierung und Unterzeichnung des Projektauftrags gemeinsam mit dem Projektauftraggeber

» Bildung des Projektteams

» Gestaltung der Projektmanagement-Teilprozesse Projektstart, Projektcontrolling, Projektkrise und Projektabschluss gemeinsam mit dem Projektauftraggeber und dem Projektteam

» Know-how-Transfer aus der Vorprojektphase in das Projekt, gemeinsam mit Projektteammitgliedern

» Validierung von Projektzielen gemeinsam mit Projektteammitgliedern

» Erstellung adäquater Projektpläne gemeinsam mit Projektteammitgliedern

» Design einer adäquaten Projektorganisation und Teambildung gemeinsam mit Projektteammitgliedern

» Planung von Maßnahmen zum Risikomanagement, zur Krisenvermeidung und -vorsorge gemeinsam mit den Projektteammitgliedern

» Planung der Gestaltung von Projektkontext-Beziehungen gemeinsam mit Projektteammitgliedern

» Durchführung des Projektmarketings gemeinsam mit Projektteammitgliedern

» Erstellung der Projektmanagement-Dokumentation gemeinsam mit Projektteammitgliedern

» Zyklische Feststellung des Projektstatus gemeinsam mit Projektteammitgliedern

» Vereinbarung bzw. Vornahme steuernder Maßnahmen gemeinsam mit Projektteammitgliedern

» Weiterentwicklung der Projektorganisation und der Projektkultur gemeinsam mit Projektteammitgliedern

» Erstellung von Fortschrittsberichten gemeinsam mit Projektteammitgliedern, Aktualisierung des Projekthandbuches

» Inhaltliche Beiträge zur Krisenbewältigung und zur Schadenslimitierung gemeinsam mit Projektteammitgliedern

» Inhaltlicher und emotionaler Abschluss des Projekts gemeinsam mit Projektteammitgliedern

» Transfer von Know-how in die Stammorganisation gemeinsam mit Projektteammitgliedern und Vertretern der Stammorganisation

Organisatorische Rechte

» Einberufen von Projektauftraggebersitzungen und von Projektteamsitzungen

» Einkaufsentscheidung bis € ...

» Aufgabenverteilung auf Projektteammitglieder und Projektmitarbeiter

» Einforderung von projektrelevanten Informationen von den Projektteammitgliedern

» Ressourcen und Kostenverschiebungen innerhalb des Projekts (Abweichungen von +/- 5% des hinterlegten Basisplans müssen durch den Projektauftraggeber freigegeben werden)

» Vergabe von Lese- und Schreibrechten für spezifische Arbeitspakete

» Freigabeberechtigung für Termin-, Ressourcen- und Kostenänderungen der jeweiligen Arbeitspaket-Verantwortlichen

Projektteammitglied (PTM)

Organisatorische Stellung

>> Ist Teil des Projektteams und somit der Projektorganisation

>> Berichtet dem Projektleiter und ist dem Projektleiter gegenüber projektbezogen weisungsgebunden

>> Koordiniert, so erforderlich, Projektmitarbeiter in Subteams

Aufgaben

>> Mitarbeit beim Know-how-Transfer aus der Vorprojektphase in das Projekt

>> Überprüfen der Projektziele gemeinsam mit dem Projektleiter

>> Mitarbeit bei der Erstellung adäquater Projektpläne

>> Übernahme von Verantwortlichkeiten für definierte Arbeitspakete

>> Spezifikation von entsprechenden übernommenen Arbeitspaketen

>> Schätzung von Durchlaufzeiten, Aufwänden und Kosten für übernommene Arbeitspakete

>> Mitarbeit beim Design einer adäquaten Projektorganisation

>> Mitarbeit bei der Projektkulturentwicklung

>> Mitarbeit bei der Planung von Maßnahmen zum Risikomanagement, zur Krisenvermeidung und Krisenvorsorge

>> Mitarbeit bei der Gestaltung von Projektkontext-Beziehungen

>> Mitarbeit bei der Erstellung und Adaption des Projekthandbuches

>> Mitarbeit bei der Durchführung des Projektmarketings

>> Teilnahme am Projektstart-Workshop, an Projektcontrolling-Sitzungen und am Projektabschluss-Workshop

>> Eigenverantwortliche Erfüllung von Arbeitspaketen

>> Operative Kontrolle der vereinbarten Qualität der übernommenen Arbeitspakete

>> Mitarbeit bei der Feststellung des Projektstatus

>> Vereinbarung und Vornahme steuernder Maßnahmen in Arbeitspaketen

>> Mitarbeit bei der Weiterentwicklung der Projektorganisation und der Projektkultur

>> Mitarbeit bei der Neugestaltung der Projektkontext-Beziehungen

» Inhaltliche Beiträge zur Krisenbewältigung und Schadenslimitierung

» Mitarbeit beim inhaltlichen und emotionalen Abschluss des Projekts

» Mitarbeit beim Know-how-Transfer in die Stammorganisation und andere Projekte

Organisatorische Rechte

» Entscheidungen über die Übernahme der Verantwortlichkeit definierter Arbeitspakete

» Selbstständige Abarbeitung der übernommenen Arbeitspakete mit Unterstützung definierter Projektmitarbeiter

» Entscheidung über den fachlichen Einsatz entsprechender Methoden, Verfahren, Werkzeuge etc. unter Berücksichtigung der projektspezifischen Rahmenbedingungen

» Koordination von Projektmitarbeitern im Subteam

» Leserechte in Bezug auf das konkrete Projekt

» Vergabe von Leserechten für zugewiesene Arbeitspakete (Arbeitspakete mit Schreibberechtigung)

» Erfassung und Freigabe von Ist-Aufwänden und Ist-Kosten für die zugewiesenen Arbeitspakete

Projektmitarbeiter (PMA)

Organisatorische Stellung

>> Mitglied der Projektorganisation

>> Berichtet dem zuständigen Projektteammitglied (AP-Verantwortlichen) und ist diesem gegenüber bezüglich des Arbeitspakets weisungsgebunden

>> Ist eventuell Mitglied eines Subteams (arbeitet mit einem Projektteammitglied und anderen Projektmitarbeitern in einem Subteam)

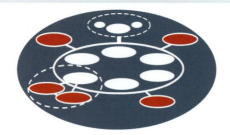

Aufgaben

>> Unterstützung des AP-Verantwortlichen bei Detailterminplanung, Aufwands- und Kostenschätzung entsprechend seiner Fachkompetenz und Erfahrungen

>> Erfüllung von Arbeitspaketen, Durchführung vereinbarter Tätigkeiten innerhalb eines oder mehrerer Arbeitspakete

>> Teilnahme an Projektcontrollingsitzungen nach Bedarf

>> Berichtet dem Arbeitspaket-Verantwortlichen über den Leistungsfortschritt und von voraussichtlich von der Planung abweichenden Terminen, Aufwänden und Kosten

>> Mitarbeit bei der Projektkrisenbewältigung

>> Mitarbeit beim Know-how-Transfer in die Stammorganisation und andere Projekte

Organisatorische Rechte

>> Operative Entscheidungen in Bezug auf die Erfüllung von Arbeitspaketen

>> Mitsprache beim Einsatz entsprechender Verfahren, Methoden, Werkzeuge etc.

>> Leserechte in Bezug auf spezifische Arbeitspakete

>> Erfassung von eigenen Ist-Aufwänden für spezifische Arbeitspakete

Methode im Projektcontrolling

Trotz der Klärung wechselseitiger Erwartungen können im Zuge des Projekts Rollenkonflikte entstehen. Das Controlling dieser Methode bedeutet demnach, solche Konflikte zu identifizieren und eine (Neu-)Klärung betreffend der Aufgaben und Rechte herbeizuführen.

Projektkommunikationsstrukturen

Projektkommunikationsstrukturen regeln den periodischen Kommunikationsbedarf im Projekt und bilden damit eine ergänzende Methode zu Projektorganigramm und Rollenbeschreibungen.

PROJEKTKOMMUNIKATION				
Bezeichnung	**Ziele, Inhalte**	**Teilnehmer**	**Termine**	**Ort**
Projektauftraggeber-Sitzung	» Diskussion Projektstatus, Abweichungen im Projekt » Entscheidungsfindung auf Basis der Projektcontrolling-Sitzung » Freigabe Projektfortschrittsbericht	Projektauftraggeber, Projektleiter	monatlich	GF Office
Projektcontrolling-Sitzung	» Projektstatus » Controlling Leistungsfortschritt, Termine und Ressourcen, Kosten » Controlling der Umweltbeziehungen » Soziales Projektcontrolling » Diskussion übergeordneter Problemstellungen » Entscheidungsaufbereitung für Projektauftraggeber-Sitzung » Planung WVW	Projektleiter, Projektteam	monatlich	Besprechungs-zimmer
Subteam-Sitzung	» Koordination des Subteams » Diskussion inhaltlicher Problemstellungen » Planung WVW	Arbeitspaket-verantwortlicher, Subteammitglieder	nach Bedarf	Office

Beispielhafte Darstellung periodischer Standardkommunikationsstrukturen

Beschreibung der Methode

Projekte setzen aufgrund ihrer inhaltlichen und sozialen Komplexität Teamarbeit voraus. Erst durch das Teampotenzial können interdisziplinäre Probleme qualitativ entsprechend gelöst werden. Echte Teamarbeit (im Unterschied zu Einzelleistungen) sichert die notwendige Information und Abstimmung für Problemlösungen durch Interaktion zwischen den Teammitgliedern.

Projektsitzungen sind ein zentrales Führungsinstrument, in dem z. B. Informationen ausgetauscht, Ergebnisse abgestimmt, Entscheidungen getroffen sowie Ziele vereinbart werden.

Periodische Sitzungen sollten nicht einfach kurzfristig nach Bedarf einberufen werden, sondern zu Beginn des Projekts im Team spezifiziert und geplant werden. Unterschiedliche Kommunikationsinhalte erfordern unterschiedliche Sitzungsarten, unterschiedliche Teilnehmer, unterschiedliche Häufigkeit und eine unterschiedliche Dauer.

Wesentlich ist die Differenzierung zwischen inhaltlichen Sitzungen (z. B. Subteamsitzungen zur Diskussionen von Detailproblemen, Abstimmung von fachlichen Konzepten und Lösungen) und periodischen Projektmanagement-Sitzungen, wie Controllingsitzungen und Auftraggebersitzungen, in denen die Betrachtungsobjekte Ziele, Leistungen, Termine, Ressourcen und Kosten sowie Organisation und Kontext im Mittelpunkt stehen. Darüber hinaus lohnt es sich, auch über die Einbeziehung von Vertretern relevanter Umwelten, beispielsweise von Kunden oder Lieferanten, nachzudenken, fördert diese Maßnahme doch das wechselseitige Verständnis und reduziert damit etwaige Schnittstellenprobleme.

Standardkommunikationsstrukturen in Projekten sind Projektcontrollingsitzungen im Team, Auftraggebersitzungen, Subteamsitzungen sowie regelmäßige Projekt-Jour-Fixes. Weitere regelmäßige Sitzungen sind zu ergänzen; in den Kommunikationsstrukturen nicht dokumentiert werden hingegen situativ einberufene Sitzungen.

Projektcontrollingsitzungen finden ca. alle drei bis sechs Wochen statt und dienen der Erhebung des Projektstatus, der Identifikation von Abweichungen durch einen Soll-Ist-Vergleich, der Erörterung aktueller Diskussionspunkte und der Ableitung notwendiger steuernder Maßnahmen.

Projektauftraggebersitzungen, die sinnvollerweise den Projektcontrollingsitzungen im Team nachfolgen, dienen der Information des Projektauftraggebers über den Status des Projekts und der Klärung anstehender Entscheidungen (strategisches Controlling).

Subteamsitzungen dienen der Koordination von Arbeitspaketen sowie der Klärung inhaltlicher Detailfragen.

Projekt-Jour-fixes dienen der regelmäßigen Abstimmung und Diskussion des Projektteams hinsichtlich anstehender aktueller Fragen und Vorgehensweisen.

Effiziente Projektmeetings bedürfen einer guten Vorbereitung (Einladung mit Agenda, Auswahl der Teilnehmer etc.) und einer entsprechenden Nachbereitung (Protokoll etc.). Dies ist in projektspezifischen Spielregeln zu vereinbaren.

Methode im Projektcontrolling

Kommt es im Projektverlauf zu Kommunikationsproblemen im Projekt, kann die Ursache in den definierten Kommunikationsstrukturen liegen. In diesem Fall sind diese den adaptierten Erfordernissen im Projekt anzupassen. Möglichkeiten in diesem Zusammenhang sind z. B. Änderungen betreffend Häufigkeit oder Inhalt, Ergänzung oder Eliminierung von Sitzungen oder Anpassungen des Teilnehmerkreises.

Spielregeln im Projekt (Projektkultur)

Projektkultur sollte nicht zufällig entstehen, sondern ebenso wie Leistungen und Termine beim Projektstart geplant und vereinbart werden. Projektkultur wird insbesondere über Spielregeln im Projektteam definiert.

PROJEKTSPIELREGELN		
Symbol	Spielregel	Beschreibung
	keine Stellvertreter	» Wir entsenden keine Stellvertreter in unsere Sitzungen » Sitzungstermine legen wir rechtzeitig fest und halten wir pünktlich ein (auch die vereinbarten Pausen) » Sollte ein Mitglied an einer Sitzung nicht teilnehmen, ist das Sitzungsteam auch ohne den Abwesenden beschlussfähig (Anwesende sind entscheidungsfähig) » Sitzungen mit weniger als der halben Teilnehmeranzahl werden abgesagt
	Rauchverbot und keine Mobiltelefone	» In den Sitzungen rauchen wir nicht » Pausenzeiten stimmen wir zuvor gemeinsam ab » In den Sitzungen schalten wir die Mobiltelefone ab » Sollte ein Teilnehmer erreichbar sein, wird dies vor der Sitzung vereinbart und das Mobiltelefon lautlos geschalten (das Gespräch muss außerhalb des Sitzungsraums geführt werden)
	Agenda und Protokolle	» Für jede Sitzung haben wir eine Agenda vorbereitet, legen einen Moderator und einen Verantwortlichen für das Protokoll fest » Die Agenda verteilen wir zumindest 2 bis 3 Tage im Voraus an alle Sitzungsmitglieder » Das Protokoll sollte zumindest innerhalb von 3 Tagen an alle Teilnehmer verteilt werden » Bei Einwendungen zum Protokoll werden diese innerhalb von 3 Tagen an den Projektleiter gemeldet
	Kommunikation	» Wir setzen primär E-Mail als Kommunikationsform ein » Soweit möglich, werden Ergebnisse via E-Mail verteilt » Dokumente, die an andere (als das Projektteam) verteilt werden, laufen über den Projektleiter. Der Projektleiter ist für das Projekt die primäre Kontaktstelle nach außen
	Wir sind das One.Hundred-Team	» Wir versuchen die definierten Ziele als Projektteam zu erreichen und jeder fühlt sich für die Ergebnisse des gesamten Projekts verantwortlich » Wir „vermarkten" gemeinsam das Projekt (die einzelnen Teammitglieder stehen hinter dem Projekt) » Konflikte tragen wir innerhalb des Teams aus und eskalieren diese gegebenenfalls an den Projektleiter oder Projektauftraggeber (Konflikte innerhalb des Teams werden nicht über die Linie ausgetragen) » Im Team wird offen kommuniziert, „sensible" Informationen müssen als solche definiert werden, diese werden nicht nach außen getragen

Exemplarische Spielregeln im Projekt

Beschreibung der Methode

In unternehmens- oder abteilungsübergreifenden Projekten sind Mitarbeiter unterschiedlicher Unternehmens- bzw. Abteilungskulturen involviert. Wird im Projektteam keine spezifische Projektkultur definiert, prallen diese unterschiedlichen Kulturen aufeinander und es kann zu Konflikten kommen.

Insbesondere bei komplexen Projekten können Spielregeln die Etablierung einer adäquaten Projektkultur fördern. Spielregeln geben den Projektteammitgliedern eine Orientierung für die Zusammenarbeit im Projekt und steigern die Identifikation mit dem Projekt. Um den verbindlichen Charakter zu verstärken, können Spielregeln im Projekthandbuch dokumentiert werden.

Methoden in diesem Zusammenhang sind beispielsweise die Formulierung projektbezogener Spielregeln, die am Anfang eines Projekts bzw. situationsbedingt definiert werden. Auch die Festlegung eines einprägsamen Projektnamens und die Entwicklung eines Projektlogos zur besseren Identifikation des Projekts und zur Kommunikation nach außen können identitätsstiftend sein. Projektspezifische soziale Veranstaltungen unterstützen die Etablierung eines „Wir-Gefühls" im Projektteam und fördern den Teamentwicklungsprozess.

Methode im Projektcontrolling

Projektarbeit ist Teamarbeit! Es gilt: „Soziale Störungen haben immer Vorrang!" „Soziales Controlling" beschäftigt sich dementsprechend mit der Reflexion und dem Feedback zum Arbeiten im Projektteam. Generell gilt es zwischen einer Gruppe und einem Team zu unterscheiden. Verfügt eine Gruppe tendenziell kaum über eine gemeinsame Kultur, definiert durch Werte, Normen, Kommunikation, Spielregeln etc., so sind diese in einem echten Projektteam etabliert und verankert.

Es ist die Aufgabe des Projektleiters, diese Projektkultur im Projektcontrolling zu reflektieren und gegebenenfalls adäquate Steuerungsmaßnahmen einzuleiten. Maßnahmen dieser Art sind beispielsweise Anpassungen von Rollenverständnissen oder Kommunikationsstrukturen, Neuvereinbarungen von Spielregeln und gegebenenfalls auch Veränderungen in der Zusammensetzung des Projektteams.

Instrumente zur Analyse potenzieller sozialer Störungen können das so genannte „Blitzlicht" oder das „Stimmungsbarometer" darstellen, die zu Beginn von Controllingsitzungen eingesetzt werden können (vgl. dazu auch Projektcontrollingprozess).

Ziele dieser Analyse sind:

>> Feststellung der Arbeitsfähigkeit im Team
>> Einholen von Feedback
>> Raum schaffen, um Unklarheiten zu beseitigen
>> Tendenzen erkennen (Frühwarnsystem)

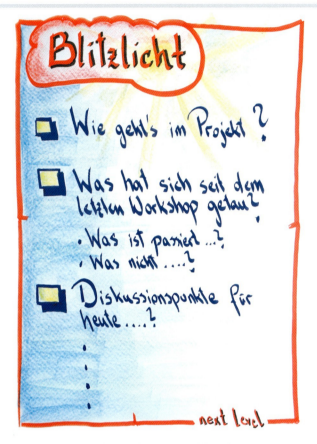

Beispiel eines sozialen Projektcontrollings in Form eines Blitzlichts

Projektdokumentation

Die Projektdokumentation ist sowohl hinsichtlich der Nachvollziehbarkeit als auch der Speicherung des organisatorischen Wissens im Unternehmen bedeutend und sollte dementsprechend klar definiert sein.

PROJEKTDOKUMENTATION	
Bereich	**Beschreibung**
Ablage	» Die zentrale Projektablage befindet sich am Server-Laufwerk Z:\\Projekte\One.Hundred\ » Die Ablage wird entsprechend dem PSP strukturiert. Das Projekt wird zunächst in die Projektphasen gegliedert und weiters innerhalb der Phasen in die Arbeitspakete. Diese Ablagestruktur gilt für die gesamte Projektdokumentation und ist verpflichtend. » Arbeitsdokumente können in eigener Struktur lokal abgelegt werden. » Sobald ein Dokument ein präsentierbares Zwischenergebnis erreicht, sollte es jedoch in den zentralen Projektordner gestellt werden.
Zugriffs- berechtigung	» Der Projektleiter und das Projektteam haben technisch volle Zugriffsrechte auf das Projektverzeichnis, organisatorisch legt der Projektleiter aber die Zuständigkeiten und Befugnisse für Arbeitspakete und Dokumente fest. » Es wird differenziert in Dokumentenersteller, welche Schreib- und Leseberechtigung haben, und alle anderen Projektbeteiligten, welche nur leseberechtigt sind.
Namens- konvention	» Als Namenskonvention gibt es nur geringe Einschränkungen. Es soll allen Beteiligten sofort das Projekt erkenntlich sein und welches die letztgültige Version eines Dokuments ist. » FORMAT: OH_xxx_v00_010106 (OH ... One.Hundred, xxx ... Aussagekräftige Dokumentenbezeichnung, v00 ... Version 0.0, 170206 ... Erstellungs-/Veränderungsdatum) » Version 1.0 wird einheitlich für das erste freigegebene Dokument vergeben.
Verteilung, Information	» Die Teammitglieder sollten immer wieder über neue Dokumente oder grundlegend geänderte Dokumente informiert werden. » Werden Dokumente nur innerhalb des Projektteams verteilt, ist ein Link auf die zentrale Server-Ablage durchaus ausreichend, um eine redundante Datenhaltung zu vermeiden.

Exemplarische Vereinbarungen zur Dokumentation im Projekt

Beschreibung der Methode

Die Dokumentation in Projekten lässt sich in zwei Bereiche untergliedern; in Projektmanagement- und in Projektergebnis-Dokumentation.

Die Projektmanagement-Dokumentation umfasst alle relevanten Projektmanagement-Dokumente betreffend Start, Controlling und Abschluss eines Projekts. Die Projektmanagementpläne werden in einem so genannten Projekthandbuch dokumentiert und im Rahmen des Projektcontrollings regelmäßig adaptiert (vgl. Kapitel „Projekthandbuch").

Die Projektergebnis-Dokumentation umfasst alle relevanten inhaltlichen Dokumente der Arbeitspakete.

Um sich in einer gemeinsamen Ablage zurechtzufinden, ist es zielführend, bereits zu Projektbeginn zu vereinbaren, was wie wo in welcher Form und von wem abgelegt, dokumentiert bzw. verändert wird.

In der Praxis hat es sich bewährt, auch die Ergebnisse des Projekts entsprechend dem Projektstruktur-plan zu strukturieren. Je nach Umfang der Ergebnisse können diese auf Arbeitspaket- oder Phasen-ebene abgelegt werden.

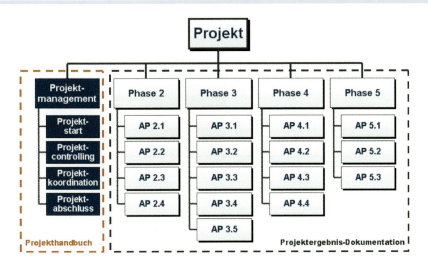

Darstellung der Projektmanagement- und Projektergebnis-Dokumentation

Neben dem Ablagesystem der Projektdokumentation können auch spezifische Regeln hinsichtlich Zugriffsberechtigungen, Nomenklatur von Dokumenten, Dokumentenmanagement (Lese-, Schreib-schutz, Versionsmanagement) etc. vereinbart werden.

Methode im Projektcontrolling

Das Controlling der Projektdokumentation beschränkt sich im Wesentlichen auf die Einhaltung, gegebenenfalls auch auf die Anpassung der im Team vereinbarten Dokumentationsspielregeln.

Projektrisikoanalyse

Die Projektrisikoanalyse gibt Aufschluss über die möglichen Risiken im Projekt und stellt Möglichkeiten zur Risikovermeidung und Risikovorsorge dar.

Nr.	Titel	Risikobeschreibung, Ursache	Risiko-kosten	Ver-zögerung	Eintritts-wahrschein-lichkeit	Risiko-budget	Risiko-kategorie	Priorität	Präventive Maßnahmen	Kosten der Prävention	Korrektive Maßnahmen
Code	Text	Text	in Euro (€)	in Wochen (W)	in Prozent (%)	in Euro (€)	Kategorie	Kategorie	Text	in Euro (€)	Text
	SUMME		80.000,00 €			13.000,00 €				7.000,00 €	
1	Wetter	Externe Kunden kommen bei schlechtem Wetter eventuell nicht oder es können nicht alle adäquat untergebracht werden (Bewertung des Risikos in entgangenem Nutzen)	25.000,00 €		20%	5.000,00 €	Ziele	hoch	Grundsätzlich im Freien geplant, jedoch Veranstaltungsort mit Ausweichungsmöglichkeit wählen, bei Einladung jedenfalls anmerken, dass Event bei jedem Wetter stattfindet, alle Lieferanten über Ausweichszenario briefen	500,00 €	Entscheidung am Vortag drinnen/draußen, Lieferanten werden sofort informiert - kein kurzfristiger Wechsel mehr am selben Tag
2	Lieferantenausfall	Veranstaltungsort nicht verfügbar, Catering liefert nicht, Entertainment fällt aus (durchschnittliche Bewertung des Risikos in entgangenem Nutzen, wobei Ort problematischer als Entertainment ist)	40.000,00 €		5%	2.000,00 €	Leistungen	hoch	Lieferantenauswahl mit Fokus auf Qualität und Verlässlichkeit (nicht automatisch Billigstbieter), Stretzahlungen vereinbaren, laufende Koordination der Lieferanten, ev. Notfallplan für Catering und Entertainment	1.500,00 €	ev. Notfallplan durchführen bzw. improvisieren
3	Umbau Fertigungshalle	Firmengelände nicht voll nutzbar, teilweise schlechtes Auftreten durch Baugerüste und nicht nutzbare Wege (Bewertung des Risikos in entgangenem Nutzen)	15.000,00 €		40%	6.000,00 €	Ziele	mittel	Abgesehen von diesem Risiko und dem Aspekt, dass eine innerbetriebliche Durchführung bis auf die Kosten keine wesentlichen Vorteile bietet, soll das Kundenevent jedenfalls extern durchgeführt werden, Prüfung ob anschließende Durchführung der internen Feier im selben Rahmen nicht günstiger kommt	5.000,00 €	bei Setzen der präventiven Maßnahme nicht erforderlich

Beispiel einer Projektrisikoanalyse sowie präventiver und korrektiver Maßnahmen

Beschreibung der Methode

In der Projektrisikoanalyse sollen die Projektrisiken erfasst werden. Generell werden Risiken als potenzielle positive oder negative Abweichungen bezüglich Qualität, Leistungen, Terminen, Ressourcen oder Kosten interpretiert. Zur Identifikation der Projektrisiken dienen grundsätzlich alle Projektpläne, insbesondere der Projektstrukturplan (technisch-inhaltliche Risiken), die Projektumweltanalyse (soziale Risiken) sowie der Termin- und Kostenplan (terminliche und monetäre Risiken).

Zunächst werden anhand der bereits erstellten Projektpläne Projektrisiken identifiziert. Danach werden die Risiken beschrieben und die daraus resultierenden Risikokosten abgeleitet. In einem weiteren Schritt werden die Eintrittswahrscheinlichkeiten definiert, wodurch sich schließlich das Risikobudget ableiten lässt. Dieses Risikobudget ist stets auch Bestandteil des Projektbudgets.

Neben den monetären Auswirkungen werden in der Regel auch mögliche zeitliche oder qualitative Auswirkungen identifiziert. In jedem Fall werden, aufbauend auf diesen Informationen, präventive (vorbeugende) Maßnahmen abgeleitet, wobei die Kosten dieser Maßnahmen stets niedriger als die Risikokosten sein sollten. Zusätzlich zu den präventiven Maßnahmen ist auch die Definition korrektiver Maßnahmen, also der Maßnahmen bei Risikoeintritt, sinnvoll.

Die Identifizierung von Projektrisiken ermöglicht Maßnahmen sowohl zur Risikovermeidung als auch zur Risikovorsorge.

Methode im Projektcontrolling

Im Zuge der Projektabwicklung werden nicht nur die Leistungen, Termine, Ressourcen, Kosten Organisation und Kontext controlled, sondern auch die definierten Projektrisiken.

So können beispielsweise Risiken eintreten bzw. wegfallen, neue Risiken hinzukommen oder sich Eintrittswahrscheinlichkeiten sowie Prioritäten verändern.

Die Aktualisierung der Risikotabelle führt zu einer aktuellen Einschätzung der Risiken im Projekt zum jeweiligen Zeitpunkt und ist die Basis für weiterführende präventive und korrektive Maßnahmen.

Vertiefende Methoden im Projektcontrolling

Ergänzend zu den allgemeinen Projekt-management-Methoden haben sich in den letzten Jahren vertiefende Methoden im Projektcontrolling entwickelt.
In diesem Kapitel werden diese vorgestellt und deren spezifischer Einsatz im Projektcontrolling wird erklärt.

Auf Grund der Dynamik von Projekten stellt ein adäquates Projektcontrolling eine zentrale Herausforderung dar.

Dabei gelten folgende grundlegenden Prämissen:

» Projektcontrolling ist ein zyklischer (und kein kontinuierlicher) Prozess, der im Projektverlauf mehrmals durchlaufen wird; im Detail wird dieser Prozess projektspezifisch definiert.

» Es können nur jene Betrachtungsobjekte bzw. Methoden einem Projektcontrolling unterzogen werden, die vorab im Projektstart geplant wurden.

» Der Detaillierungsgrad der Planung soll dem Detaillierungsgrad im Controlling entsprechen (werden beispielsweise die Ressourcen eines Projekts auf Basis der Arbeitspakete geplant, ist auch ein Controlling der Ressourcen auf Basis der Arbeitspakete sinnvoll).

» Im Projektcontrolling sollten nicht nur „Hard Facts" (Leistungen, Termine, Kosten und Ressourcen) sondern auch „Soft Facts" (Umwelten, Organisation, Spielregeln) betrachtet werden.

» Projektcontrolling betrifft die gesamte Projektorganisation und sollte daher im Team und, zeitlich nachfolgend, auch unter Einbeziehung des Projektauftraggebers erfolgen.

» Projektcontrolling ist keine reine Vergangenheitsbetrachtung (Plan-Ist-Vergleich), sondern beinhaltet insbesondere auch die Zukunftsbetrachtung (Prognosewerte bezogen auf das Projektende).

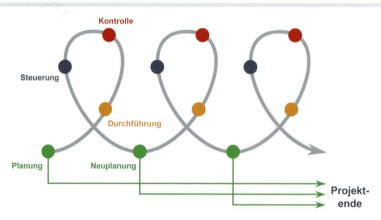

Projektcontrolling als zyklischer Prozess

Die Handhabung der einzelnen Methoden im Projektcontrolling wurde bereits im Kapitel „Projektmanagement-Methoden" beschrieben. Für das Controlling von Leistungen, Terminen, Ressourcen und Kosten dient, wie in der Planung, das „Projektmanagement-Dreieck" als Basis.

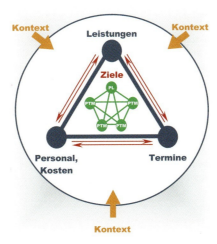

Gegenseitige Abhängigkeiten im „Projektmanagement-Dreieck"

Ist man beispielsweise bezüglich der Leistungen im Projekt im Verzug, können anhand dieses Dreiecks Steuerungsvarianten diskutiert werden.

Dabei wären grundsätzlich folgende Möglichkeiten denkbar:
» Verschiebung nachfolgender Termine und damit des Endtermins
» Erhöhung der Ressourcen (geht meistens mit einer Erhöhung der Kosten einher!)
» Erhöhung der Kosten durch Fremdvergabe von Leistungen (Arbeitspakete)
» Reduktion von Leistungen (Arbeitspakete)
» Minderung der Qualität der Projektergebnisse

Diese Steuerungsentscheidung sollte einerseits im Projektteam (im Rahmen des Projektcontrolling-Workshops) diskutiert und danach mit dem Projektauftraggeber (im Rahmen der Projektauftraggebersitzung) besprochen und entschieden werden („Vier-Augen-Prinzip" – vgl. Projektcontrollingprozess).

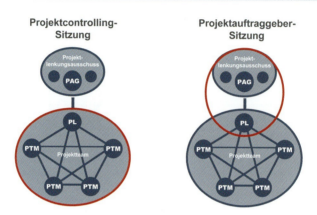

Darstellung zyklischer Kommunikationsstrukturen im Controllingprozess

Über das Controlling dieser Methoden hinaus haben sich in den letzten Jahren eine Vielzahl zusätzlicher Controllingmethoden etabliert. Eine Auswahl dieser vertiefenden Methoden ist, ohne Anspruch auf Vollständigkeit, im folgenden Kapitel näher beschrieben.

Produktreifegradmodell

Ein Produktreifegradmodell visualisiert den Reifegrad der geplanten (physischen) Projektergebnisse entsprechend dem Projektverlauf. Insbesondere bei wiederkehrenden Projekten, die ähnliche Ergebnisse („deliverables") liefern und die einem gleichbleibenden Ablaufschema folgen, stellt diese Methode ein ergänzendes Instrument für Leistungsplanung und Leistungscontrolling dar.

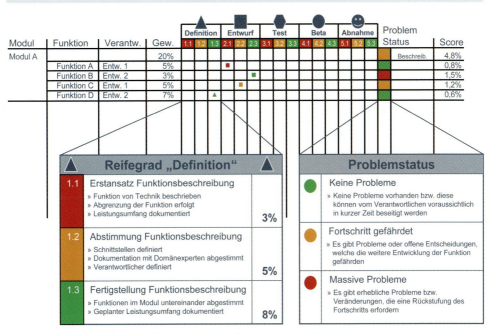

Produktreifegradmodell inklusive der Reife-Stadien und der Reife-Gates

Beschreibung der Methode

Generell kann ein Produktreifegradmodell als Kombination von Projektstrukturplan und Ergebnisplanung verstanden werden. Die Grundidee dabei ist, die Ergebnisse in Teilergebnisse bzw. Module zu zerlegen und deren Status im Ablaufprozess des Projekts (in den Projektphasen) zu visualisieren.

Um den Status der Module klar festlegen zu können, werden zwischen den Projektphasen so genannte „Reife-Gates" (auch Stage-Gates) beschrieben und mit Prozentwerten versehen. Werden auch die Module entsprechend dem Leistungsumfang gewichtet, ergibt sich durch Multiplikation der Modulgewichtung und des Reifegrades der Module im Prozess ein prozentueller Wert, der als Leistungsfortschritt im Projekt interpretiert werden kann.

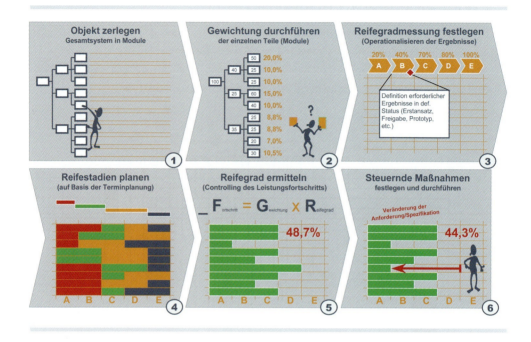

Im Detail sind folgende Schritte zur Erstellung des Produktreifegrades notwendig:

① Zerlegung des Gesamtsystems (Produktes) in Module, gegebenenfalls dieser Module weiter in Funktionen.

② Bewertung/Gewichtung dieser einzelnen Module (Funktionen) entsprechend dem prozentuellen Leistungsumfang im Projekt.

③ Definition einheitlicher Reifestadien des Produktes in Form von Prozessschritten, die von allen Modulen zu durchlaufen sind.

④ Festlegung so genannter „Reife-Gates", die die Festlegung eines prozentuellen Reifegrades entlang der Prozessschritte ermöglichen.

⑤ Eintragen des jeweiligen Reifegrades der einzelnen Module (Funktionen) und Ermittlung des gesamten Produktreifegrades in Prozent durch Addition dieser einzelnen Werte.

⑥ Interpretation des Produktreifegrades, beispielsweise durch einen Ampelstatus, als Basis für steuernde Maßnahmen.

Wie bereits erwähnt, stellt diese Methode insbesondere bei „Standardprojekten", die durch vergleich-baren Lieferumfang (Produkt) und Abwicklungsprozess (Prozessschritte) gekennzeichnet sind, einen Mehrwert dar. Bei diesen Projektarten können Produktreifegradmodelle allgemein im Unternehmen definiert werden und bedürfen lediglich kleiner Anpassungen. Typische Projektarten sind: (Anlagen-) Bauprojekte, Softwareprojekte mit ähnlichen Produkten (SAP-Einführungen) und insbesondere Produktentwicklungsprojekte.

Im Gegensatz zur Leistungsfortschrittsmessung im Projektstrukturplan, wo zyklische Vorgänge oft zu Fehlinterpretationen des Leistungsfortschritts führen können (ist beispielsweise der Test einer Soft-ware nicht erfolgreich, bedeutet dies in den meisten Fällen eine Rückkehr zu Design und Programm-ierung), ist die Leistungsforschrittsmessung mittels Produktreifegradmodell auf eindeutig messbare Kriterien („Reife-Gates") aufgebaut. Wie oft also programmiert, getestet und analysiert werden muss, ist irrelevant.

Üblicherweise wird der prozentuelle Produktreifegrad (Leistungsfortschritt) im Projekt in Relation zu den Ist-Terminen bzw. Ist-Kosten interpretiert, wodurch eine integrierte Controllingbetrachtung von Leistungen, Terminen und Kosten ermöglicht wird. Grafisch aufbereitet spricht man in diesem Fall von einer „Earned-Value-Analyse" (vgl. diesbezügliche Methodenbeschreibung).

Earned-Value-Analyse (EVA)

Eine „Earned-Value-Analyse" (EVA) stellt eine integrierte Betrachtung von Leistungen, Terminen und Kosten im Projekt dar. Diese grafische Methode zeigt den Verlauf der Ist-Leistungen, Ist-Termine und Ist-Kosten und ermöglicht damit die Interpretation von Abweichungen im Projekt.

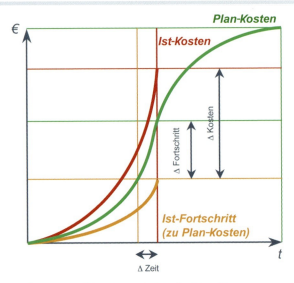

Integriertes Leistungs-, Kosten- und Termincontrolling im Projekt

Beschreibung der Methode

Projektfortschrittsberichte beinhalten neben Informationen zu Projektinformation und -kontext in der Regel Daten zu Leistungsfortschritt, Terminsituation und (Ressourcen-)Kostenverlauf. Werden diese Auswertungen üblicherweise getrennt betrachtet, ermöglicht die EVA eine integrierte Betrachtung in grafischer Form.

Kernaussage einer EVA ist die Prämisse, dass angefallene Kosten und Ist-Zeiten nur dann sinnvoll zu interpretieren sind, wenn diese in Relation zur Ist-Leistung des Projekts gesetzt werden.

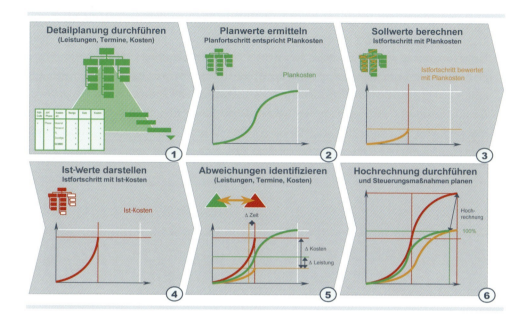

Im Detail werden dabei folgende Schritte durchlaufen:

(1) Erstellung einer Leistungs-, Termin-, Ressourcen- und Kostenplanung im Rahmen des Projektmanagement-Dreiecks.

(2) Kumulierte Darstellung der Plan-Leistungen über die Laufzeit des Projekts. Diese Kurve visualisiert näherungsweise auch den kumulierten Anfall der Plan-Kosten, da Kosten (im Unterschied zu Zahlungen – vgl. Methode Projektcashflow-Management) immer dann anfallen, wenn Leistungen erbracht werden.

(3) Darstellung des tatsächlichen Verlaufs der Ist-Leistungen zu einem bestimmten Zeitpunkt (beispielsweise durch die bereits abgeschlossenen Arbeitspakete oder durch den prozentuellen Produktreifegrad gemessen).

(4) Darstellung des tatsächlichen Verlaufs der Ist-Kosten zu einem bestimmten Zeitpunkt (basierend auf dem jeweiligen Arbeitszeit- bzw. Kostenerfassungssystem).

(5) Durch den Vergleich der Ist-Leistungen mit den Plan-Leistungen kann jetzt der Leistungsverzug abgelesen werden. Parallel dazu ist die Kostenüber- oder -unterschreitung durch Vergleich der Ist-Kosten zu den Ist-Leistungen ersichtlich.

(6) Zieht man letztlich eine horizontale Hilfslinie am Ende der Ist-Leistungen, ergibt sich durch den Schnittpunkt dieser Linie mit der Kurve der Plan-Leistungen die Terminabweichung im Projekt.

In der Praxis ist die Durchführung einer EVA nur unter gewissen Voraussetzungen möglich. So ist der angenommene, deckungsgleiche Verlauf der Plan-Leistungen mit den Plan-Kosten nur als Näherungswert zu verstehen. Darüber hinaus stellt sich im Projektverlauf insbesondere die Frage der Messung der Ist-Leistungen, die auf Basis des Projektstrukturplans nur dann vorgenommen werden kann, wenn bereits in der Planung auf Basis der Arbeitspakete bzw. Phasen des Projekts prozentuelle Gewichtungen der Leistungen festgelegt werden. Diese Gewichtung der Arbeitspakete erfolgt üblicherweise über die Plan-Kosten des Projekts. Als Alternative zur Messung der Ist-Leistungen mittels Projektstrukturplan kann hier auch das Produktreifegradmodell herangezogen werden.

Meilensteintrendanalyse

Die Meilensteintrendanalyse stellt, bei eher geringem Aufwand, eine sehr effektive Methode des Termincontrollings in Projekten dar. Durch die Visualisierung der Meilensteine und der ablesbaren Trends hinsichtlich ihrer Lage eignet sich dieses Controllinginstrument hervorragend zur Kommunikation gegenüber Vertretern relevanter Umwelten, wie beispielsweise Kunden, Lieferanten oder dem Auftraggeber.

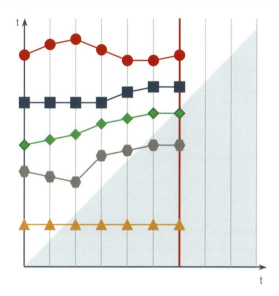

Abweichungen der Meilensteine im Projektverlauf anhand der Meilensteintrendanalyse

Beschreibung der Methode

Basis für die Verwendung einer Meilensteintrendanalyse sind ein realistischer Terminplan, die Definition einer überschaubaren Anzahl terminkritischer Ereignisse in Form von Meilensteinen sowie formale Controllingsitzungen im Team zur Evaluierung der Meilensteintermine.

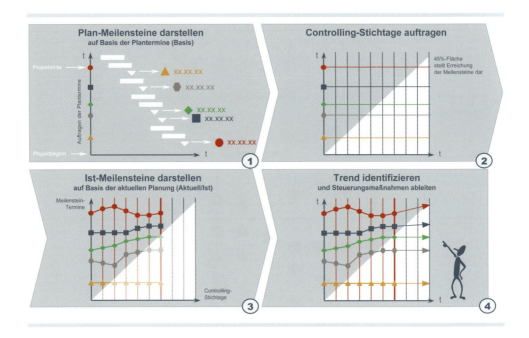

Eine Meilensteintrendanalyse wird in folgenden Teilschritten erstellt:

(1) Grafische Darstellung der in der Projektplanung festgelegten Basistermine der Meilensteine durch zeitproportionales Auftragen auf einer vertikalen Achse.

(2) Einzeichnen der periodischen Controlling-Stichtage auf der horizontalen Achse.

(3) Im Zuge der formalen Controllingsitzungen werden die Meilensteintermine zum jeweiligen Stichtag aktualisiert und in der vertikalen Hilfslinie eingetragen. Dadurch entsteht für jeden Meilenstein eine Trendlinie, die planmäßig in Form einer Waagrechten bis zur Winkeldiagonale reicht (dort fallen Plan-Termin und Ist-Termin zusammen – der Meilenstein ist erreicht!).

(4) Interpretation der jeweiligen Trendlinien der Meilensteine, wobei eine nach oben verlaufende Kurve als Terminverzögerung verstanden werden kann, verläuft die Kurve nach unten, werden die Termine früher als geplant erreicht.

Insbesondere bei ähnlichen Projektarten mit Standardmeilensteinen können auf Grund von Erfahrungen aus dem Verlauf der Trendlinien Prognosen für die Restdauer des Projekts abgeleitet werden.

Meilensteintrendanalysen stellen in der Praxis ob der grafischen Darstellung und der damit leichteren Interpretierbarkeit einen nicht unbeträchtlichen Mehrwert dar, zumal die dafür notwendigen Informationen ohnedies im Zuge des Projektcontrollings erarbeitet werden.

Rollout-Matrix (ROM)

Neben Projekten zur Entwicklung eines Produktes, einer Software oder zum Bau einer Anlage existieren auch Projekte, in denen Implementierungen an einer Vielzahl von Standorten durchzuführen sind („Rollout"). Solche Rollouts erhöhen insbesondere die Komplexität im Projektcontrolling, da neben der Information zum Fortschritt des Projekts auch der Realisierungsgrad der Standorte relevant ist. Der zusätzliche Informationsbedarf kann durch eine Rollout-Matrix (ROM) visualisiert werden.

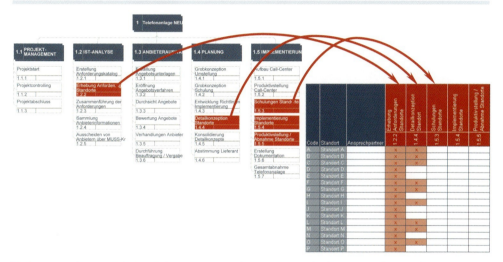

Beispiel standortspezifischer Arbeitspakete und deren Status in Form einer Rollout-Matrix

Beschreibung der Methode

Besonders in den Branchen Telekommunikation, Energiewirtschaft und Informationstechnologie werden immer wieder Projekte durchgeführt, die die Konzeption und Umsetzung neuer Technologien an einer Vielzahl unterschiedlicher Standorte erfordern. In der Leistungsplanung dieser Projekte ergeben sich dadurch Arbeitspakete, die allgemein und standortübergreifend zu erfolgen haben, sowie Arbeitspakete, die spezifisch pro Standort durchzuführen sind, deren Darstellung in Form von eigenen Arbeitspaketen jedoch den Projektstrukturplan sprengen würde.

Die Grundidee besteht nun darin, den Leistungsfortschritt der allgemeinen Arbeitspakete im Projektstrukturplan zu visualisieren sowie ein zusätzliches Leistungscontrolling auf Standortebene in Form einer ROM durchzuführen. Dadurch erhöht sich die Transparenz, da sowohl der Leistungsfortschritt im Projekt als auch pro Standort darstellbar und interpretierbar ist.

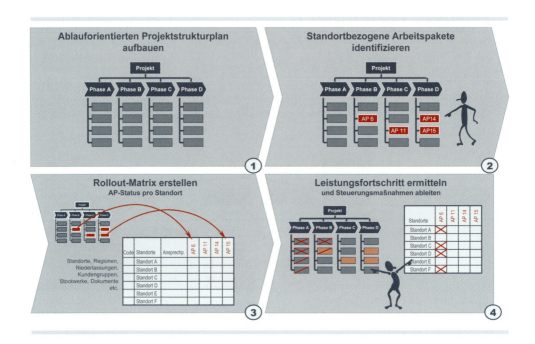

Der Aufbau einer Rollout-Matrix erfolgt in diesen Schritten:

(1) Aufbau eines phasenorientierten Projektstrukturplans als Basis der Leistungsfortschrittsmessung im Projekt.

(2) Identifizierung der Arbeitspakete, die pro Standort durchzuführen sind.

(3) Aufbau einer zusätzlichen Liste durch matrixartige Anordnung aller Standorte sowie der standortspezifischen Arbeitspakete.

(4) Durchführung eines regelmäßigen Leistungscontrollings sowohl für das Gesamtprojekt auf Basis des Projektstrukturplans als auch für die einzelnen Standorte auf Basis der ROM.

Werden bei beiden Instrumenten – Projektstrukturplan und Rollout-Matrix – identische Meilensteine verwendet, können auch aus terminlicher Perspektive Aussagen über Gesamtprojekt und Standorte getroffen werden.

Projektcashflow-Analyse

In Kundenprojekten (insbesondere in kapitalintensiven Projekten) sind neben den Kosten auch die Zahlungen ein wesentliches Betrachtungsobjekt. Es ist die Aufgabe des Projektleiters, bereits in der Planung sicherzustellen, dass im zeitlichen Anfall die Zahlungen zumindest den Projektkosten entsprechen und damit die Liquidität über den Projektverlauf hinweg gewährleistet ist.

Beispiel spezifischer Zahlungsströme (Ein- und Auszahlungen) im Projektverlauf in Form einer Projektcashflow-Analyse

Beschreibung der Methode

In der Projektcashflow-Betrachtung geht es um den Vergleich der projektbezogenen Kosten mit den projektbezogenen Zahlungen. Liegen die Zahlungen periodisch höher als die Kosten, spricht man von Überdeckung, die sich durch den Zinsgewinn positiv auf das finanzielle Projektergebnis auswirkt (Lieferantensicht). Liegen hingegen die Kosten periodisch über den Zahlungen, wird von Unterdeckung gesprochen. Es entstehen zusätzliche Finanzierungskosten (Lieferantensicht).

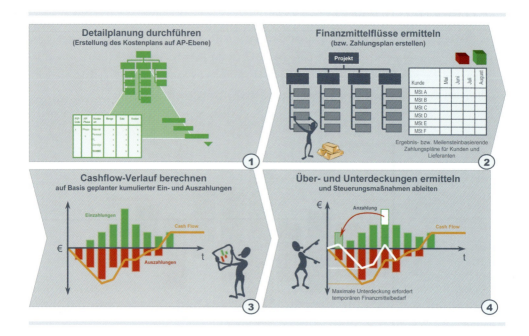

Der schrittweise Aufbau einer Projektcashflow-Analyse:

① Erstellung einer Leistungs-, Termin-, (Ressourcen-)Kostenplanung im Rahmen des Projektmanagement-Dreiecks.

② Kumulierte Darstellung der Kosten (Auszahlungen) über die Laufzeit des Projekts.

③ Kumulierte Darstellung der Ein- und Auszahlungen über die Laufzeit des Projekts.

④ Kumulierte Darstellung der Differenz der projektbezogenen Auszahlungen und Einzahlungen und damit möglicher Unter- bzw. Überdeckungen im Projekt.

Da bei unzureichendem Cashflow-Management nicht unbeträchtliche Finanzierungskosten entstehen können, ist es sinnvoll, bereits in der Planungsphase des Projekts (sinnvollerweise sogar schon in den Vertragsverhandlungen mit dem Kunden) Zahlungskonditionen bewusst zu thematisieren. Höhere Anzahlungen sind beispielsweise eine gute Möglichkeit, Liquiditätsprobleme bereits zu Projektbeginn zu vermeiden.

Werden Teilleistungen des Projekts durch externe Firmen erbracht, empfiehlt sich selbstverständlich auch hier, über Zahlungskonditionen und deren Auswirkungen auf die Liquidität im Projekt nachzudenken. Diesbezügliche Vereinbarungen sollten sich auch in den Verträgen niederschlagen, dienen diese doch in der Regel als Basis des Claim-Managements.

In projektorientierten Unternehmen existiert üblicherweise Know-how zu Cashflow-Management und Vertragsgestaltung. Es ist daher besonders bei Projekten mit hohen Investitionen und Zahlungsströmen ratsam, bereits frühzeitig Experten aus diesen Bereichen in die Projektplanung einzubinden.

Projekthandbuch (PHB)

Als Projekthandbuch wird die Management-Dokumentation aller Projektpläne verstanden. In diesem Kapitel wird der gängige Aufbau eines Projekthandbuches beschrieben und anhand eines konkreten Projekts veranschaulicht.

Als Projekthandbuch bezeichnet man die Summe aller für das Projekt notwendigen Projektmanagement-Pläne, die in einem gemeinsamen Dokument zusammengefasst werden. Hat man früher jeden Plan als extra File (Datei) abgespeichert und musste man zur Erklärung der Gesamtplanung unzählige Files öffnen und ausdrucken, ist man neuerdings dazu übergegangen, alle für das Projekt notwendigen Pläne in einer übersichtlichen und strukturierten Art in einem Dokument zusammenzufassen.

 Nutzen Sie die beiliegenden Projekthandbücher auf der CD-ROM zur einfachen Dokumentation Ihrer Projektpläne!

Beschreibung des Projekthandbuches

Sind die PM-Pläne für das Projekt erstellt, werden diese im Projekthandbuch dokumentiert und zusammengefasst.

Für die Strukturierung eines Projekthandbuches gibt es unterschiedliche Möglichkeiten. Nachfolgend wird eine mögliche Strukturierungsform detaillierter beschrieben:

Inhalt

Exemplarisches Inhaltsverzeichnis eines Projekthandbuches

Das Projekthandbuch wird folgendermaßen gegliedert:

» aktuelle PM-Pläne

» Projektstart

» Projektkoordination

» Projektcontrolling

» Projektabschluss

Vor dem Kapitel „PM-Pläne" wird üblicherweise ein Änderungsverzeichnis geführt, das einen Überblick über die bisherigen Versionen und die aktuelle Version des Projekthandbuches gibt.

ÄNDERUNGSVERZEICHNIS			
Versions-nummer	Datum	Änderung	Ersteller
0.1	10.01.05	Erstansatz vor Projektstart-WS	Christian Sterrer
0.2	25.01.05	Fertigstellung Projekthandbuch nach Projektstart-WS	Christian Sterrer
0.3	23.02.05	Überarbeitung Projekthandbuch nach WS I	Christian Sterrer
0.4	25.03.05	Überarbeitung Projekthandbuch nach WS II	Christian Sterrer
0.5	14.04.05	Überarbeitung nach WS III	Christian Sterrer
0.6	17.05.05	Überarbeitung nach WS IV	Christian Sterrer

Beispiel eines Änderungsverzeichnisses

Es bewährt sich, gleich zu Beginn des Projekthandbuches ein Verzeichnis aller relevanten Ansprech-partner im Projekt zu führen. Handelt es sich um ein internes Projekt, in dem alle Beteiligten im unter-nehmensweiten E-Mail-Netz (Outlook, Lotus Notes oder ähnliche Software) zu finden sind, ist dieses Verzeichnis nicht notwendig. Ansonsten erleichtert das Verzeichnis die Kommunikation im Projekt und alle Projektbeteiligten wissen, wo sie Telefonnummern, E-Mail-Adressen etc. von Projektbeteiligten fin-den (dies ist insbesondere bei unternehmensübergreifenden Projekten von großer Bedeutung).

ANSPRECHPARTNER				
Name	Organisations-einheit	Rolle im Projekt	Telefon (Büro, Mobil, Privat, …)	E-mail
Christian Sterrer	Partner	Projektauftraggeber Projektleiter	xxx	xxx
Gernot Winkler	Partner	Projektauftraggeber Projektteammitglied	xxx	xxx
Christian Majer	Trainer und Berater	Projektteammitglied	xxx	xxx
Alexander Peschke	Trainer und Berater	Projektteammitglied	xxx	xxx
Alexander Kogler	Trainer und Berater	Projektteammitglied	xxx	xxx
Reinhold Schiefer	Office Manager Sbg.	Projektteammitglied	xxx	xxx
Markus Röddiger	Kunde	Projektmitarbeiter	…	…
Robert Gausterer	Kooperationspartner	Projektmitarbeiter	…	…

Darstellung von Projektansprechpartnern zur Projektkommunikation

Im Kapitel „Projektpläne" werden alle für das Projekt relevanten PM-Pläne zusammengefasst. Diese werden im Projektstart-Prozess erstellt und im Rahmen des Projektcontrolling-Prozesses controlled und aktualisiert. Somit finden sich im Projekthandbuch in diesem Kapitel immer die aktuellen PM-Pläne des Projekts.

Im Kapitel „Projektstart" werden die Protokolle der stattgefundenen Workshops des Projektstart-Prozesses, also beispielsweise des Projektstart-, des Projekt-Follow-Up-Workshops und der konstitu-ierenden Projektauftraggebersitzung, abgelegt. Weiters kann der unterschriebene Projektauftrag ein-gebunden werden.

Grundsätzlich ist für jedes Projekt zu entscheiden, ob sämtliche Protokolle der PM-Workshops und PM-Sitzungen sowie die Projektfortschrittsberichte in das Projekthandbuch einzubinden sind oder ob sie in der Projektablage am Server abgelegt werden. Dazu seien folgende Überlegungen erwähnt:

Variante A

Handelt es sich um ein Projekt, in dem die Projektteammitglieder meist an ihrem Arbeitsplatz arbei-ten und damit der Zugriff auf eine gemeinsame Ablage gewährleistet ist, werden meist alle Protokolle etc. direkt am Server abgelegt. Das Projekthandbuch reduziert sich auf die aktuellen PM-Methoden und den aktuellen Projektfortschrittsbericht.

So könnte also beispielsweise ein reduziertes Projekthandbuch aussehen:

Inhalt

Beispiel eines Inhaltsverzeichnisses eines reduzierten Projekthandbuches

Variante B

Handelt es sich aber um ein Projekt, in dem Projektleiter und Projektteammitglieder sehr viel unterwegs sind, vorwiegend mit Notebooks oder häufig offline arbeiten und nur selten Zugang zum Server und somit zur Projektablage haben, erweist es sich als funktional, die relevanten Protokolle in das Projekthandbuch einzubinden. Damit bekommen alle Projektteammitglieder in einem einzigen Dokument zusammengefasst sämtliche für das Projektmanagement relevanten PM-Pläne und PM-Dokumentationen. Mit dem aktuellen Projekthandbuch sind alle relevanten Informationen zum Projektmanagement jederzeit verfügbar.

Welche der beiden beschriebenen Varianten für das Projekt verwendet wird, ist vom Projektleiter im Vorfeld zu entscheiden und mit dem Projektteam im Projektstart-Workshop zu besprechen und zu vereinbaren.

Grundsätzlich stehen EDV-technisch bei der Einbindung von Dokumenten zwei Möglichkeiten zur Verfügung:

» Erstellung eines Links im Projekthandbuch
» Einbindung von physischen Dokumenten

Die Erstellung von Links im Projekthandbuch wird eher in Variante A praktiziert, die Einbindung von physischen Dokumenten, wie beschrieben, in Variante B.

Im Kapitel „Projektkoordination" werden je nach Variante (A oder B) die verwendeten Hilfsmittel wie z. B. eine zentrale To-Do-Liste des Projektleiters oder die Gesprächsnotizen, eingebunden.

Im Kapitel „Projektcontrolling" wird der aktuelle Projektfortschrittsbericht dargestellt. Außerdem können wieder, je nach bevorzugter Variante (A oder B), frühere Projektfortschrittsberichte sowie die Protokolle der Projektcontrolling-Workshops eingebunden werden.

Im Kapitel „Projektabschluss" wird der Projektabschlussbericht dargestellt. Zudem können, wie im Projektstartprozess, das Protokoll der im Projektabschlussprozess durchgeführten Workshops (Projektabschluss-Workshop mit dem Projektteam), sowie einer abschließenden Projektauftraggebersitzung eingebunden werden.

Projekthandbuch im Projektcontrolling, Projektfortschrittsbericht

Das Projekthandbuch wird im Rahmen der Projektcontrolling-Intervalle regelmäßig aktualisiert. Das bedeutet, dass zuerst die PM-Pläne im Projektcontrolling-Workshop angepasst werden und im Anschluss der Projektleiter das Projekthandbuch entsprechend überarbeitet.

Somit liegt nach jedem Projektcontrolling-Workshop eine neue Version des Projekthandbuches vor. Der Projektleiter kann mithilfe des aktuellen Projekthandbuches, der Projektpläne und des Projektfortschrittsberichts dem Projektauftraggeber in der Projektauftraggebersitzung den Status des Projekts darstellen und offene Punkte oder Entscheidungen strukturiert besprechen.

Es empfiehlt sich, bei jeder aktualisierten Version des Projekthandbuches eine neue ganzzahlige Versionsnummer zu vergeben (2.0, 3.0 etc.). Somit können, falls erforderlich, einzelne Projektpläne zwischen den Projektcontrolling-Zyklen aktualisiert und mit untergeordneten Versionsnummern wie 2.1, 3.1 etc. versehen werden.

Der Projektfortschrittsbericht wird meist direkt nach dem Projektcontrolling-Workshop vom Projektleiter erstellt und ist eine Zusammenfassung und Interpretation des Projektstatus.

Der Projektfortschrittsbericht ist keine Alternative zur Aktualisierung der Projektplanung, sondern ist vielmehr eine Ergänzung. Ziel ist es, auf ein bis zwei Seiten einen Überblick über den aktuellen Stand zu geben und vereinbarte Steuerungsmaßnahmen sowie anstehende Entscheidungen darzustellen.

Der Projektfortschrittsbericht ist das zentrale Dokument für die Projektauftraggebersitzung (im Rahmen des Projektcontrollingprozesses) und gibt dem Projektauftraggeber die Möglichkeit, sich auf ein bis zwei Seiten einen Überblick über den Projektstatus zu verschaffen (Management-Summary).

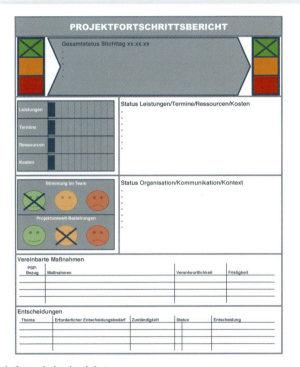

Beispiel eines Projektfortschrittsberichts

Es gibt sehr unterschiedlich gestaltete Projektfortschrittsberichte. Üblicherweise sind folgende Informationen enthalten:

» Projektampel zeigt den Gesamtstatus: Grün: alles in Plan, Gelb: Abweichungen, Schwierigkeiten und Rot: große Abweichungen, massive Probleme oder Projektkrise.

» Status Leistungen, Termine stellt den Fortschritt im Projekt dar sowie eine Aussage über die Terminsituation (in Plan oder zeitliche Verschiebungen).

» Status Ressourcen und Kosten gibt Aufschluss über die Einhaltung des Ressourcen- und Kostenbudgets sowie über die Verfügbarkeiten der notwendigen Ressourcen.

» Status Organisation und Kontext zeigt etwaige Probleme innerhalb (Projektteam) oder außerhalb (Projektumwelten, andere Projekte) des Projekts auf.

» Vereinbarte Maßnahmen geben einen Überblick über im Projektteam geplante Steuerungsmaßnahmen.

» Entscheidungen zeigen anstehende, meist nur durch Projektauftraggeber oder Projektlenkungsausschuss zu treffende Entscheidungen auf.

Projekthandbuch im Projektabschluss, Projektabschlussbericht

Das Projekthandbuch wird im Projektabschluss ein letztes Mal aktualisiert. Diese Aktualisierung wird oft nicht mehr durchgeführt, da das Projekt schon fast abgeschlossen ist, bereits neue Aufgaben gestartet sind und kein Druck mehr im Projekt vorhanden ist.

Dabei ist gerade diese letzte Aktualisierung ein wesentlicher Beitrag zum Speichern von organisatorischem Wissen. Wird nach einiger Zeit ein ähnliches Projekt durchgeführt, erhält der zukünftige Projektleiter durch ein letztgültiges Projekthandbuch einen ungleich höheren Mehrwert als durch ein in einem der letzten Projektcontrollingzyklen „stehengebliebenes" Projekthandbuch.

Der Projektabschlussbericht stellt eine Art Fortführung der Projektfortschrittsberichte dar. Ziel des Projektabschlussberichts ist eine zusammenfassende Analyse und Interpretation des Projekts. Der Projektabschlussbericht wird meist nach dem Projektabschluss-Workshop vom Projektleiter erstellt und ist die Basis für die abschließende Projektauftraggebersitzung.

Der Projektabschlussbericht ist eine Ergänzung zum Letztstand der PM-Pläne in der Letztversion des Projekthandbuches.

Beispiel eines Projektabschlussberichts

Es gibt sehr unterschiedlich gestaltete Projektabschlussberichte. Üblicherweise sind folgende Informationen enthalten:

» Gesamteindruck soll eine Zusammenfassung (Management-Summary) der im Weiteren detaillierteren Analysen des Projekts geben.

» Reflexion Zielerreichung: eine der wesentlichsten Evaluierungen am Ende des Projekts. Die Zielerreichung ist wichtigster Indikator zur Beurteilung des Projekterfolgs (neben Termin-, Ressourcen- und Kosteneinhaltung).

» Reflexion Leistungen, Termine: gibt einerseits einen Überblick, ob alle AP abgearbeitet und erfolgreich abgeschlossen wurden, und andererseits Aufschluss über die Einhaltung der geplanten Termine bzw. eine Interpretation bei Abweichungen.

» Reflexion Ressourcen und Kosten: gibt Aufschluss über die Einhaltung der Ressourcen- und Kostenbudgets sowie eine Interpretation über Abweichungen.

» Reflexion interne Organisation und Umweltbeziehungen: zeigt die Zusammenarbeit sowohl innerhalb (Projektteam) als auch außerhalb (Projektumwelten, andere Projekte) des Projekts.

» Leistungsbeurteilung des Projektauftraggebers, des Projektleiters und des Projektteams wird derzeit nur in wenigen Unternehmen praktiziert. Hier gibt es die Möglichkeit, Feedback und Beurteilung der Leistungen der einzelnen Beteiligten zu dokumentieren.

» Lessons Learned: ist einer der wichtigsten Punkte im Projektabschlussbericht und verdeutlicht die zentralen Lernerlebnisse (was ist gut gelaufen, was ist nicht so gut gelaufen, was lernen wir aus dem Projekt und Empfehlungen für zukünftige Projekte).

» Planung der Nachprojektphase und Restaufgaben gibt einen Überblick über die noch offenen Punkte aus dem Projekt, die dazugehörigen Verantwortlichkeiten und die jeweiligen Fertigstellungstermine.

» Projektabnahme: Wie zu Beginn des Projekts ein schriftlicher Projektauftrag erstellt und unterschrieben wird, sollte auch ein schriftlicher Projektabschlussbericht erstellt und unterschrieben werden.

! Projekthandbuch: Tipps und Tricks

>> Das Projekthandbuch ist das zentrale Projektmanagement-Dokument. Stellen Sie sicher, dass alle Ihre Projektteammitglieder immer über die aktuelle Version verfügen und Zugriff auf das aktuelle Projekthandbuch haben!

>> Entscheiden Sie vor oder spätestens beim Projektstart-Workshop, ob Sie nur die aktuellen Projektmanagement-Pläne oder auch Protokolle der PM-Sitzungen und Projektfortschrittsberichte im PHB einbinden!

>> Vergessen Sie neben dem Projekthandbuch nicht die inhaltliche Ablage!

>> Entscheiden Sie vor dem oder spätestens während des Projektstart-Workshops, welche PM-Pläne Sie in Ihrem Projekt verwenden werden, und stellen Sie sicher, dass sich ausschließlich diese PM-Pläne im Projekthandbuch befinden. Das PHB sollte so „schlank" wie möglich sein und keine leeren PM-Pläne enthalten!

>> Aktualisieren Sie das PHB regelmäßig nach dem Projektcontrolling-Workshop. Ohne aktualisiertes PHB hat Ihr Projektteam keine aktuellen PM-Pläne und damit keine Vorgaben, die es einhalten muss!

>> Das Projekthandbuch ersetzt aufwändige Powerpoint-Präsentationen. Falls Sie Ihre PM-Planung oder in weiterer Folge im Projekt den Projektstatus präsentieren müssen, verwenden Sie das PHB – dafür haben Sie es auch erstellt!

>> Ein Tool zur ganzheitlichen Dokumentation des Projekthandbuches reduziert Ihren Dokumentationsaufwand erheblich!

Projekthandbuch:
Beispiel anhand der Erstellung dieses PM-Buches

Als Beispiel eines vollständigen Projekthandbuches und gleichzeitig als Beispiel für die im vorangegangenen Kapitel beschriebenen PM-Methoden wird hier das Projekthandbuch zur Erstellung des vorliegenden PM-Buches dargestellt.

In den Erläuterungen und Anmerkungen finden Sie Kommentare zu den spezifischen PM-Plänen des Projekts „Buch" (Hinweise ergänzend zu den PM-Beschreibungen im Kapitel „Projektmanagement-Methoden", bzw. typische oder untypische PM-Planungen).

Projektauftrag

PROJEKTAUFTRAG	
Projektstartereignis: » Start-Workshop nach Buch-Entscheidung	**Projektstarttermin:** » 10.01.2005
Projektendereignis: » Buchpräsentation	**Projektendtermin:** » 10.12.2005
Projektziele: » Ein Buch zum Einzelprojektmanagement (250 Seiten) ist geschrieben und veröffentlicht. » Das Buch differenziert sich von den bereits erhältlichen PM-Büchern. » Aufbau des Buches basiert auf einer Anleitung für Projektleiter, das PL durch ein Projekt führt. » Das Buch ist Basis für englische Version und weitere PM-Bücher. » Ein potenter Verlag, der auch an Folgebüchern interessiert ist, ist ausgewählt. Rahmenbedingungen sind vereinbart. » Ein Konzept für die Vermarktung ist erstellt sowie die Start-Vermarktung durchgeführt. » Ein allgemeines Buchkonzept für dieses und weitere nlc-Bücher ist erstellt und vereinbart. » Beitrag zur Weiterentwicklung des nlc-PM-Ansatzes ist geleistet.	**Nicht-Projektziele:** » Erstellung eines „klassischen" Buches » Beschreibung des gesamten nlc-PM-Knowhows (Projektorientierte Organisation, Multiprojektmanagement, PE, OE, Soft Skills etc.)

Projektphasen:
» Projektmanagement
» Konzeption
» Erstellung Erstansatz PM-Methoden und PHB
» Erstellung Erstansatz PM-Prozesse
» Zusammenführung und Optimierung I
» nlc-Vereinbarung und Produktmarketing
» Optimierung II
» Produktion
» Präsentation und Verkauf

Projektressourcen und –kosten:

Ressourcen-/Kostenart	Mengeneinheit	Kosten (in Euro)
Christian Sterrer	70 PT	70.000 €
Gernot Winkler	40 PT	40.000 €
Sonstige Pers	45 PT	25.000 €
Sonstige Kosten		38.000 €
Summe	155 PT	173.000 €

Projektauftraggeber: » Christian Sterrer » Gernot Winkler	**Projektleiter:** » Christian Sterrer
Projektteam: » Gernot Winkler » Alexander Peschke » Reinhold Schiefer » Christian Majer » Alexander Kogler	**Projektmitarbeiter:** » Markus Röddiger » Robert Gausterer » Hermann Scherer

_____
Christian Sterrer (Projektleiter)

_____
Sterrer, Winkler (Projektauftraggeber)

Erklärungen und Anmerkungen

» Es wurde ein inhaltliches Projektendereignis (Buchpräsentation) gewählt.

» Die Projektziele sind so formuliert, dass diese zu Projektabschluss evaluierbar sind.

» Die Projektphasen entsprechen jenen im Projektstrukturplan.

» Christian Sterrer ist Projektauftraggeber und Projektleiter, was eher atypisch ist, bei diesem Projekt aber der tatsächlichen Situation entspricht.

» Alternativ zu zwei Projektauftraggebern könnte man hier auch von einem Projektauftraggebergremium sprechen.

Projektzieleplan

PROJEKTZIELEPLAN		
Zielart	Projektziele	Adaptierte Projektziele per ...
Ziele	» Ein Buch zum Einzelprojektmanagement (250 Seiten) ist geschrieben und veröffentlicht. » Das Buch differenziert sich von den bereits erhältlichen PM-Büchern. » Aufbau des Buches basiert auf einer Anleitung für Projektleiter, das PL durch ein Projekt führt. » Das Buch ist Basis für englische Version und andere weitere PM-Bücher. » Ein potenter Verlag, der auch an Folgebücher interessiert ist, ist ausgewählt. Rahmenbedingungen sind vereinbart. » Ein Konzept für die Vermarktung ist erstellt sowie die Start-Vermarktung durchgeführt. » Ein allgemeines Buchkonzept für dieses und weitere nlc-Bücher ist erstellt und vereinbart. » Beitrag zur Weiterentwicklung des nlc-PM-Ansatzes ist geleistet.	» » » » » »
Nicht-Ziele	» Erstellung eines „klassischen" Buches » Beschreibung des gesamten nlc-PM-Knowhows (Projektorientierte Organisation, Multiprojektmanagement, PE, OE, Soft Skills etc.)	»

Erklärungen und Anmerkungen

» Es wurde zusätzlich ein Projektzieleplan erstellt.

» Die Ziele des Projektauftrags und des Projektzieleplans sind identisch.

» Der Projektzieleplan dient einerseits zur Konkretisierung bzw. Detaillierung der Projektziele und andererseits zur Dokumentation von Ziele-Veränderungen.

Vor-, Nachprojektphase

BESCHREIBUNG VOR- UND NACHPROJEKTPHASE

Beschreibung von Ergebnissen der Vorprojektphase

Das Projekt betreffende Entscheidungen/Ereignisse (Wie ist es zu dem Projekt gekommen?)
- » Seit Gründung der next level consulting 07/00 gibt es die Idee, ein Buch zum Thema Projektmanagement zu erstellen, durch geringe freie Kapazitäten ist jedoch bisher nichts passiert.
- » Auf Basis einer Vielzahl von Büchern rund um das Thema Projektmanagement stellt sich die Frage, wie sich das zu schreibende Buch von Büchern der Konkurrenz abhebt bzw. was der Zielgruppe der Projektmanagement-Interessierten einen Mehrwert stiftet.
- » Es wurde 2003 bereits ein Versuch zum Schreiben eines Buches von den nlc-Partnern unternommen.

Für das Projekt relevante Dokumente
- » Vorhandene Bücher zum Thema Projektmanagement
- » Entwicklungen wie Richtlinien und Vorlagen aus Kundenaufträgen
- » Artikeln der nlc zum Thema Projektmanagement
- » Folien, Vorlagen, Hilfsmittel etc. der nlc rund um das Projektmanagement
- » Konzept nlc pm manager (Erstversuch nlc-Buch)

Erfahrungen aus ähnlichen Projekten
- » Erfahrung, hohe Komplexität bei vielen Autoren durch erhöhten Abstimmungsaufwand und unterschiedliche Schreibstile

Beschreibung von Ergebnissen der Nachprojektphase

Folgeaktivitäten, -projekte (Was wird nach dem Projekt passieren?)
- » Vermarktung und Verkauf der ersten deutschen Auflage des Buches durch Verlag, aber auch durch kompletten nlc-Staff
- » Weitere PM-Bücher mit Branchenschwerpunkten
- » Übersetzung des Buches und Erstellung einer englischen Auflage

Erklärungen und Anmerkungen

» In der Vorprojektphase werden wichtige Ereignisse, die bisherige Geschichte zur Erstellung eines PM-Buches sowie relevante Dokumente aus der Vorprojektphase dargestellt.

» In der Nachprojektphase werden bereits geplante Folgeprojekte (weitere Bücher) aufgelistet.

Projektumweltanalyse

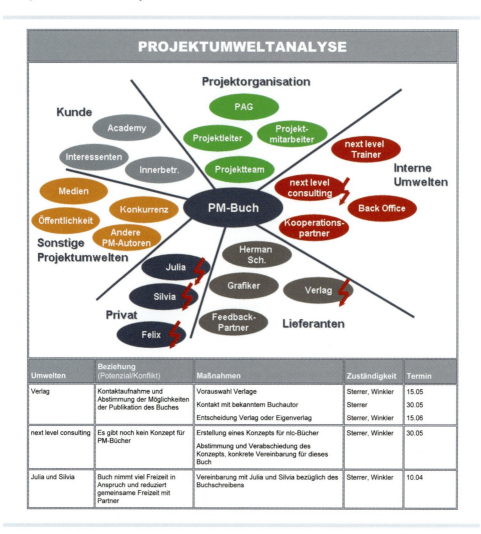

Umwelten	Beziehung (Potenzial/Konflikt)	Maßnahmen	Zuständigkeit	Termin
Verlag	Kontaktaufnahme und Abstimmung der Möglichkeiten der Publikation des Buches	Vorauswahl Verlage	Sterrer, Winkler	15.05
		Kontakt mit bekanntem Buchautor	Sterrer	30.05
		Entscheidung Verlag oder Eigenverlag	Sterrer, Winkler	15.06
next level consulting	Es gibt noch kein Konzept für PM-Bücher	Erstellung eines Konzepts für nlc-Bücher	Sterrer, Winkler	30.05
		Abstimmung und Verabschiedung des Konzepts, konkrete Vereinbarung für dieses Buch		
Julia und Silvia	Buch nimmt viel Freizeit in Anspruch und reduziert gemeinsame Freizeit mit Partner	Vereinbarung mit Julia und Silvia bezüglich des Buchschreibens	Sterrer, Winkler	10.04

Erklärungen und Anmerkungen

» In der Projektumweltanalyse werden alle für das Buchprojekt relevanten Projektumwelten aufgezeigt.

» Die mit dem Blitz gekennzeichneten Projektumwelten wurden als Projektumwelten mit Handlungsbedarf identifiziert und dementsprechende Maßnahmen definiert, wobei ein Blitz keine „böse" Projektumwelt, sondern eine Projektumwelt mit Handlungsbedarf darstellt.

Beziehung zu anderen Projekten

BEZIEHUNGEN ZU ANDEREN PROJEKTEN				
Programme/ Projekte/ Kleinprojekte	Beziehung (Potential/Konflikt)	Maßnahmen	Zuständigkeit	Termin
nlc-Produktent- wicklungen	Die laufenden Produktent- wicklungen binden Kapazitäten	Priorisierung der Produktentwicklungen im Produktentwicklungsportfolio	Peschke	bis 15.02
Ausbau nlc Sgb.	nlc Sbg ist immer noch im Aufbau und bindet Kapazitäten	Verlagerung des Buchschreibens auf Urlaube und Wochenenden	Sterrer	laufend
Ausbau nlc Graz	nlc Graz ist immer noch im Aufbau und bindet Kapazitäten	Verlagerung des Buchschreibens auf Urlaube und Wochenenden	Winkler	laufend
nlc-pm-comic	es ist ein nlc-pm-comic geplant Wichtig ist, dass es nicht zu Überschneidungen oder Kannibalisierung zwischen den Produkten kommt	Klärung Konzept nlc-pm-comic Abstimmung der Ziele und Inhalte sowie des Einsatzbereichs	Sterrer	bis 30.04

Erklärungen und Anmerkungen

» Hier werden parallel laufende Projekte mit einem Bezug zum Buchprojekt dargestellt. Üblicher- weise entstehen bei Projekten mit Schnittstellen auch notwendige Maßnahmen, die ebenso defi- niert und zugeteilt werden.

» Die Zusammenhänge zur Unternehmensstrategie wurden hier nicht dargestellt.

Ergebnisplan

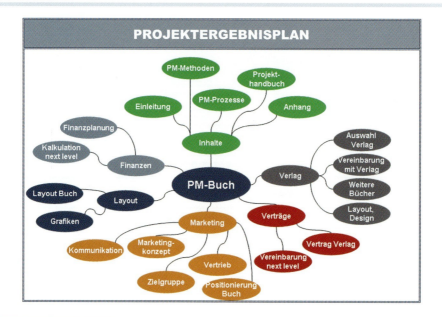

Erklärungen und Anmerkungen

» Beim Projektergebnisplan werden alle relevanten Betrachtungsobjekte und Ergebnisse des Buchprojekts dargestellt.

» Dabei lassen sich die wichtigsten Themen wie Inhalte, Verlag, Marketing etc. identifizieren.

» Diese hier dargestellten Ergebnisse werden im nachfolgenden Projektstrukturplan berücksichtigt.

Projektstrukturplan

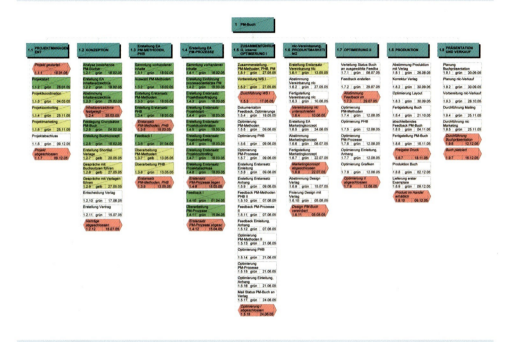

Erklärungen und Anmerkungen

» Der abgebildete Projektstrukturplan zeigt alle Arbeitspakete, die zur erfolgreichen Durchführung des Buchprojekts notwendig sind.

» Die Projektphasen entsprechen jenen im Projektauftrag.

» In jedem Arbeitspaket finden sich neben der AP-Bezeichnung und dem PSP-Code auch der Ampelstatus und der Endtermin des AP. Üblicherweise wird häufig statt dem Ampelstatus der AP-Verantwortliche eingetragen.

» Der Leistungsfortschritt ist erkennbar: Grüne (und doppelt durchgestrichene) Arbeitspakete sind bereits abgeschlossen, gelbe (und einfach durchgestrichene) AP sind in Arbeit und weiße AP sind noch nicht begonnen. So lässt sich leicht identifizieren, dass die Phasen 1.2 und 1.3 schon weit fortgeschritten sind, die Phase 1.4 überhaupt abgeschlossen ist, 1.5 und 1.6 gerade erst begonnen und die restlichen Phasen noch nicht begonnen wurden.

» Als rote Sechsecke werden die Meilensteine dargestellt (siehe auch Meilensteinplan und Balkenplan).

» Es wurde eine PSP-Version nach ca. einem Drittel der Projektlaufzeit ausgewählt.

Produktreifegradmodell

					Reifegrad-Gewichtung	10%	5%	45%	10%	15%	5%	5%	5%				
					Reifegrad-Kummulation	10%	15%	60%	70%	85%	90%	95%	100%				
						Vorber.		Erstellung				Abschl.			Problem		
Code	Themenbereich/Kapitel	Verantw.	Teil-Gew.	Gesamt-Gew.		A	B	C	D	E	F	G	H	Anmerkung	Status	Kurzbeschreibung	Score
	PM-Buch CHECK YOUR PROJECTS	Sterrer	100%	100,0%											grün		65,44%
H01	Einleitung	Winkler	3%	2,5%											grün		1,75%
	01 Ausgangssituation	Winkler	40%	1,0%		100%	100%	100%	100%						grün		0,70%
	02 Handhabung Buch	Winkler	60%	1,5%		100%	100%	100%	100%						grün		1,05%
			100%														
H02	PM-Methoden und Organisation	Winkler	25%	25,0%											grün		18,63%
	01 PM-Methoden zur Projektplanung	Winkler	60%	15,0%		100%	100%	100%	100%	50%					grün		11,63%
	02 PM-Methoden zum PC	Winkler	40%	10,0%		100%	100%	100%	100%						grün		7,00%
			100%														
H03	Projekthandbuch	Sterrer	15%	15,0%											grün		11,96%
	01 Beschreibung PHB	Sterrer	30%	4,5%		100%	100%	100%	100%	100%					grün		3,83%
	02 PHB Buch	Sterrer	50%	7,5%		100%	100%	100%	100%	50%					grün		5,81%
	10 Kommentare zu PHB	Sterrer	20%	3,0%		100%	100%	100%	100%	50%					grün		2,33%
			100%														
H04	PM-Guideline	Sterrer	30%	30,0%											grün		25,58%
	01 Übersicht PM-Prozesse	Sterrer	10%	3,0%		100%	100%	100%	100%	50%					grün		2,33%
	02 Projektbeauftragung	Sterrer	15%	4,5%		100%	100%	100%	100%	50%					grün		3,49%
	03 Projektstart	Sterrer	25%	7,5%		100%	100%	100%	100%	50%					grün		5,81%
	04 Projektcontrolling	Sterrer	25%	7,5%		100%	100%	100%	100%	50%					grün		5,81%
	05 Projektkoordination	Sterrer	5%	1,5%		100%	100%	100%	100%	50%					grün		1,16%
	06 Projektmarketing	Sterrer	15%	4,5%		100%	100%	100%	100%	50%					grün		3,49%
	07 Projektabschluss	Sterrer	15%	4,5%		100%	100%	100%	100%	50%					grün		3,49%
			100%														
H05	Anhang	Winkler	3%	2,5%											grün		1,50%
	01 Stichwortverzeichnis	Winkler	70%	1,8%		100%	100%	100%							grün		1,05%
	02 Weiteres	Winkler	30%	0,8%		100%	100%	100%							grün		0,45%
			100%														
H06	Grafik, Layout	Winkler	5%	5,0%											grün		2,24%
	01 Layout Buch	Winkler	50%	2,5%		100%	100%	50%							grün		0,94%
	02 Grafiken	Winkler	40%	2,0%		100%	100%	100%	50%						grün		1,30%
	05 Endredaktion	Winkler	10%	0,5%											grün		0,00%
			100%														
HM	Verlag, Verträge, Vereinbarungen	Sterrer	10%	10,0%											grün		3,79%
	01 Auswahl Vertrag	Sterrer	40%	4,0%		100%	100%	100%							gelb		2,40%
	02 Vereinbarung Verlag	Sterrer	30%	3,0%		100%	100%	100%							gelb		0,45%
	03 Vereinbarung nlc	Sterrer	25%	2,5%		100%	100%	50%							grün		0,94%
	04 Sonstiges	Sterrer	5%	0,5%											grün		0,00%
			100%														
CD	Marketing, Verkauf	Winkler	10%	10,0%											grün		0,00%
	01 nlc Marketing	Winkler	45%	4,5%											grün		0,00%
	02 externes Marketing	Winkler	30%	3,0%											grün		0,00%
	03 Buchpräsentation	Sterrer	20%	2,0%											grün		0,00%
	04 Sonstiges	Winkler	5%	0,5%											grün		0,00%

Legende Projektreifegrad Check your projects

A	Definition Inhalt	10%
	Was umfasst der Themenbereich/das Kapitel?	
	Was für Beispiele/Hilfsmittel soll es geben?	
	Name des Themenbereichs/Kapitels?	
	Navigationsstruktur?	
B	Sammlung Basis	5%
	Was gibt es schon alles zu diesem Thema?	
	Lesen entsprechender Literatur	
	Bereitstellung Content	
C	Erstellung Erstansatz	45%
	Alle Bereiche der Struktur gefüllt	
	Inhalte formuliert, nur Detailfragen offen	
D	Abstimmung Erstansatz	10%
	Klärung relevanter offener Fragen	
	Abstimmung mit anderen Bereichen (Formulierung, Begriffe)	
	Austausch mit anderen Beratern, Feedback sammeln	
E	Überarbeitung	15%
	Abschluss der inhaltlichen Formulierungen	
	Adaption und Ergänzungen auf Basis Feedback	
F	Fertigstellung	5%
	Vereinheitlichung Schreibweise, Begriffe	
	Vereinheitlichung Layout und Struktur	
G	Freigabe	5%
	keine unannehmbaren Mängel für Markteinführung vorhanden	
	Freigabe für Produktion	
H	Produktion	5%
	Produkt fertiggestellt	
		100%

Erklärungen und Anmerkungen

» Im Produktreifegradplan wird der tatsächliche Fortschritt nicht im Bezug auf den Leistungsfortschritt basierend auf dem PSP, sondern der Fortschritt hinsichtlich Ergebniserreichung dargestellt. Dabei werden alle relevanten Ergebnisse dargestellt, untereinander gewichtet und dann der Ergebnisfortschritt pro Teilergebnis bewertet.

» So wird aus der Bewertung der gewichteten Teilergebnisse der Gesamtergebnisfortschritt (Leistungsfortschritt) errechnet. Dieser liegt im dargestellten Plan bei ca. 65 %.

» Der Produktreifeplan ist eine gute Ergänzung zum Leistungsfortschritt des PSP.

Arbeitspaket-Spezifikationen (exemplarisch)

ARBEITSPAKET-SPEZIFIKATION	
1.1.2, Projektstart	**AP-Inhalt** (Was soll getan werden?) » Vorbereitung Projektstartprozess » Planung Projektstart-Workshop » Durchführung Projektstart-Workshop » Vereinbarung von Projektzielen » Erarbeitung Projektpläne (Leistungen, Termine, Ressourcen, Kosten) » Etablierung Projektorganisation » Planung der Gestaltung von Projekt-Kontext-Beziehungen und Durchführung eines ersten Projektmarketings » Abstimmung mit Projektauftraggeber (inkl. Unterschrift Projektauftrag) » Erstellung Projekthandbuch
	AP-Ergebnisse (Was liegt nach Beendigung des Arbeitspakets vor?) » Projektziele » Projektpläne, Projektorganisation » Maßnahmen Risikomanagement » PM-Dokumentation „Projektstart" » Projektauftrag unterschrieben
1.1.4, Projektcontrolling	**AP-Inhalt** (Was soll getan werden?) » Planung Projektcontrollingprozess » Vorbereitung Projektcontrolling-Workshop » Durchführung Projektcontrolling-Workshop » Feststellung des Projektstatus » Vereinbarung steuernder Maßnahmen und Neuvereinbarung der Projektziele und Projektpläne (Leistungen, Termine, Ressourcen, Kosten) » Adaptierung der PM-Dokumentation » Erstellung von Fortschrittsberichten » Claim-Management » Contract-Management
	AP-Ergebnisse (Was liegt nach Beendigung des Arbeitspaketes vor?) » Adaptierte Projektziele » Adaptierte Projektpläne » Adaptierte PM-Dokumentation » Fortschrittsbericht erstellt
1.1.5, Projektmarketing	**AP-Inhalt** (Was soll getan werden?) » Planung von Strategien und Maßnahmen zum Projektmarketing » Vorbereitung Maßnahmen zum internen und externen Projektmarketing » Durchführung Maßnahmen zum internen und externen Projektmarketing
	AP-Ergebnisse (Was liegt nach Beendigung des Arbeitspakets vor?) » Umfeldanalyse erstellt » Marketingmaßnahmen zu Aktivitätenplan zusammengefasst und in PSP integriert » Laufende Durchführung und Evaluierung der Maßnahmen » Identifikation der Projektteammitglieder mit dem Projekt » Unterstützung des Projekts durch wichtige Umfeldgruppen sichern

Erklärungen und Anmerkungen

» Hier wurden exemplarisch drei Arbeitspaket-Spezifikationen ausgewählt, wobei in diesem Buchprojekt nicht alle AP, sondern nur ausgewählte spezifiziert wurden (nämlich diese, die im Projektteam unklar waren).

» Wichtig bei der AP-Spezifikation ist die Beschreibung der notwendigen Schritte bei den Inhalten und die Auflistung der Ergebnisse des AP.

» Mithilfe der AP-Spezifikation sollte es bei den im Projektteam unklaren AP zu einer gemeinsamen, klaren Sichtweise hinsichtlich der Inhalte und Ergebnisse kommen.

Projektfunktionendiagramm (Auszug)

PSP-Code	Phase / Arbeitspaket	Christian Sterrer	Gernot Winkler	Alexander Peschke	Reinhold Schiefer	Christian Majer	Alexander Kogler	Markus Röddiger	Robert Gausterer	Hermann Sch.
1	Projekt									
1.1	Projektmanagement									
1.1.1	Projekt gestartet									
1.1.2	Projektstart	V	M	M	M	M	M			
1.1.3	Projektkoordination	V								
1.1.4	Projektcontrolling	V	M	M	M	M	M			
1.1.5	Projektmarketing	V	M		M				M	
1.1.6	Projektabschluss	V	M	M	M	M	M			
1.1.7	Projekt abgeschlossen									
1.2	KONZEPTION									
1.2.1	Analyse bestehender PM-Bücher	V	M							
1.2.2	Erstellung EA Inhaltsverzeichnis	V	M							
1.2.3	Abstimmung Inhaltsverzeichnis	V	M		M	M	M			
1.2.4	Inhaltsverzeichnis festgelegt									
1.2.5	Festlegung Grundsätze PM-Buch	V	M							
1.2.6	Erstellung Buchkonzept	V	M			M	M			
1.2.7	Erstellung Shortlist Verlage	V	M						M	
1.2.8	Gespräche mit Buchautoren führen	V	M						M	
1.2.9	Gespräche mit Verlagen führen	V	M						M	
1.2.10	Entscheidung Verlag	E	E							
1.2.11	Erstellung Vertrag	V	M						M	
1.2.12	Verträge abgeschlossen									
1.2.13										
1.3	Erstellung EA PM-METHODEN, PHB									
1.3.1	Sammlung vorhandener Inhalte	V	M	M						
1.3.2	Auwahl PM-Methoden	M	V							
1.3.3	Erstellung Erstansatz PM-Methoden	M	V							
1.3.4	Erstellung Erstansatz PHB	V	M							
1.3.5	Erstansatz PM-Methoden, PHB liegt vor									
1.3.6	Feedback I	M	V			M	M			
1.3.7	Überarbeitung PM-Methoden		V							
1.3.8	Überarbietung PHB	V								
1.3.9	Erstansatz PM-Methoden, PHB abgeschlossen									
1.3.10										
1.4	Erstellung EA PM-PROZESSE									
1.4.1	Sammlung vorhandener Inhalte	V	M							
1.4.2	Erstellung Einführung prozessorientiertes PM	V	M							
1.4.3	Erstellung Erstansatz Projektbeauftragung	V	M							
1.4.4	Erstellung Erstansatz Projektstart	V	M							
1.4.5	Erstellung Erstansatz Projektkoordination	V	M							
1.4.6	Erstellung Erstansatz Projektmarketing	V	M							
1.4.7	Erstellung Erstansatz Projektcontrolling	V	M							
1.4.8	Erstellung Erstansatz Projektabschluss	V	M							
1.4.9	Erstansatz PM-Prozesse liegen vor									

Erklärungen und Anmerkungen

» Das Funktionendiagramm zeigt sowohl die jeweiligen AP-Verantwortlichen (durch ein V gekennzeichnet) als auch die jeweiligen Subteammitglieder (durch ein M gekennzeichnet) pro AP auf.

» In diesem Buchprojekt hätte wahrscheinlich auch die Definition der AP-Verantwortlichen ausgereicht, aus Darstellungsgründen wurde aber zusätzlich das Funktionendiagramm erstellt.

» Die AP-Verantwortlichen finden sich zusätzlich auch im PSP.

» Wichtig ist, dass es pro AP nur ein V, also nur einen AP-Verantwortlichen gibt.

» Es lässt sich im Funktionendiagramm recht gut erkennen, dass die Hauptarbeit bei Christian Sterrer und Gernot Winkler liegt.

» Das Funktionendiagramm vereinfachte die nachfolgende Ressourcenplanung, da die involvierten Personen in der Ressourcenplanung mit Stunden hinterlegt werden müssten.

» Es wurde aus Darstellungsgründen nur ein Auszug aus dem Funktionendiagramm dargestellt.

Projektmeilensteinplan, Grobterminplan

PROJEKT-MEILENSTEINPLAN

PSP-Code	Meilenstein	Basis-termine	Aktuelle Termine	Ist-Termine
1.1.1	Projekt gestartet	Mo 10.01.05	Mo 10.01.05	Mo 10.01.05
1.1.7	Projekt abgeschlossen	Fr 09.12.05	Fr 09.12.05	
1.2.4	Inhaltsverzeichnis festgelegt	Fr 25.02.05	Fr 25.02.05	Fr 25.02.05
1.2.12	Verträge abgeschlossen	Fr 10.06.05	Fr 15.07.05	
1.3.5	Erstansatz PM-Methoden, PHB liegt vor	Fr 18.03.05	Fr 18.03.05	Fr 18.03.05
1.3.9	Erstansatz PM-Methoden, PHB abgeschlossen	Fr 15.04.05	Fr 13.05.05	
1.4.9	Erstansatz PM-Prozesse liegt vor	Fr 18.03.05	Fr 18.03.05	Fr 18.03.05
1.4.12	Erstansatz PM-Prozesse abgeschlossen	Fr 15.04.05	Fr 15.04.05	Fr 15.04.05
1.5.3	WS I	Do 28.04.05	Di 17.05.05	
1.5.18	Optimierung I abgeschlossen	Fr 24.06.05	Fr 24.06.05	
1.6.4	Vereinbarung nlc unterschrieben	Fr 10.06.05	Fr 10.06.05	
1.6.8	Marketingkonzept abgeschlossen	Fr 22.07.05	Fr 22.07.05	
1.6.11	Design PM-Buch vereinbart	Fr 22.07.05	Fr 05.08.05	
1.7.3	Feedback im Projektteam erfolgt	Fr 29.07.05	Fr 29.07.05	
1.7.9	Optimierung II abgeschlossen	Fr 12.08.05	Fr 12.08.05	
1.8.7	Freigabe Druck	Fr 18.11.05	Fr 18.11.05	
1.8.10	Produkt im Handel erhältlich	Fr 09.12.05	Fr 09.12.05	
1.9.6	Buchpräsentation	Mo 12.12.05	Mo 12.12.05	
1.9.7	Buch platziert	Fr 16.12.05	Fr 16.12.05	

Alternativ: Meilensteinplan gefiltert aus einem Gesamt-MS-Project-Plan

Alternativ: Grobterminplan (Phasen und Meilensteine) inkl. Soll-Ist-Vergleich anhand von Doppelbalken

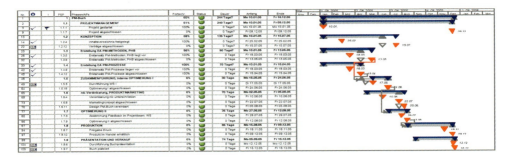

Erklärungen und Anmerkungen

» Der Meilensteinplan zeigt in übersichtlicher Form die wesentlichen Ecktermine des Buchprojekts, wobei die Anzahl der Meilensteine für die vorliegende Projektgröße eher unüblich und sehr umfangreich ausgefallen ist (dies lag insbesondere am sehr engen Zeitplan und dem inhaltlichen Umfang des Themas).

» Die Meilensteine sind identisch mit den Meilensteinen im PSP.

» Die Basis-Termine stellen die zu Projektbeginn vereinbarten Termine, die Ist-Termine die bereits abgeschlossenen Meilensteine und die aktuellen Termine die zum Zeitpunkt der Aktualisierung wahrscheinlichen Termine dar. Dabei ist erkennbar, dass die Meilensteine 1.2.12, 1.3.9, 1.5.3 sowie 1.6.11 nicht im Plan und somit verschoben sind.

» Ob der Meilensteinplan in Form einer Worttabelle erstellt und gewartet wird oder direkt in MS-Project (oder ähnlicher Software) geführt wird, kann der Projektleiter entscheiden. Hier sind bewusst alternative Darstellungen aufgeführt. Aus dem Gesamt-MS-Project-Plan können entweder nur die Meilensteine oder auch die Meilensteine und die Phasen (Grobterminplan) herausgefiltert werden.

Projektbalkenplan

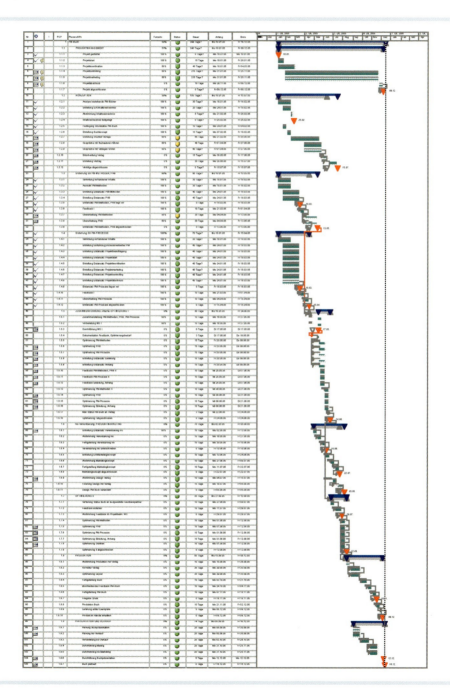

Erklärungen und Anmerkungen

» Der dargestellte Balkenplan zeigt die Termine aller AP sowie der dazugehörigen Phasen und Meilensteine.

» Dort, wo es sich bei Abhängigkeiten zwischen den AP um „echte" Ende-Anfang-Beziehungen handelt, sind die jeweiligen AP miteinander verknüpft.

» Zudem wird der Leistungsfortschritt in Prozent und der Status der AP (in Form der Ampel) dargestellt.

» In diesem Balkenplan wurden die vereinbarten Termine auch als Basisplan abgespeichert. So können Abweichungen zwischen den Plan- und den aktuellen Terminen dargestellt werden.

Projektpersonaleinsatzplan

PSP-Code	Bezeichnung	Arbeitsaufwand in PT			
		Sterrer	Winkler	Projektteam	PMA
		Basis	Basis	Basis	Basis
1	Projektname	76,0	45,5	43,5	9,0
1.1	**Projektmanagement**	18,5	6,5	16,0	0,5
1.1.1	Projekt gestartet				
1.1.2	Projektstart	3,0	2,0	4,0	
1.1.3	Projektkoordination	5,5			
1.1.4	Projektcontrolling	5,0	2,0	10,0	
1.1.5	Projektmarketing	3,0	2,0		0,5
1.1.6	Projektabschluss	2,0	0,5	2,0	
1.1.7	Projekt abgeschlossen				
1.2	**KONZEPTION**	11,5	7,5	1,0	2,0
1.2.1	Analyse bestehende PM-Bücher	2,0	2,0		
1.2.2	Erstellung EA Inhaltsverzeichnis	1,0	0,5		
1.2.3	Abstimmung Inhaltsverzeichnis	0,5	0,5	1,0	
1.2.4	Inhaltsverzeichnis festgelegt				
1.2.5	Festlegung Grundsätze PM-Buch	1,0	0,5		
1.2.6	Erstellung Buchkonzept	1,0	0,5		
1.2.7	Erstellung Shortlist Verlage	1,0	1,0		0,5
1.2.8	Gespräche mit Buchautoren führen	1,0	0,5		0,5
1.2.9	Gespräche mit Verlagen führen	2,0	1,0		0,5
1.2.10	Entscheidung Verlag	1,0	0,5		
1.2.11	Erstellung Vertrag	1,0	0,5		0,5
1.2.12	Verträge abgeschlossen				
1.3	**Erstellung EA PM-METHODEN, PHB**	10,5	8,5	2,5	
1.3.1	Sammlung vorhandener Inhalte	1,0	1,0	0,5	
1.3.2	Auswahl PM-Methoden	0,5	0,5		
1.3.3	Erstellung Erstansatz PM-Methoden	4,0	2,0		
1.3.4	Erstellung Erstansatz PHB	2,0	1,0		
1.3.5	Erstansatz PM-Methoden, PHB liegt vor				
1.3.6	Feedback I	1,0	2,0	2,0	
1.3.7	Überarbeitung PM-Methoden		2,0		
1.3.8	Überarbeitung PM-Prozesse, PHB	2,0			
1.3.9	Erstansatz PM-Methoden, PHB abgeschlossen				

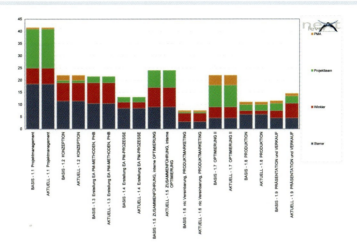

Erklärungen und Anmerkungen

» Der Ressourcenplan basiert auf dem PSP und dem erstellten Funktionendiagramm, wobei die Kalkulation nicht auf Stunden-, sondern auf Tagesbasis erfolgte.

» So lassen sich sowohl die Personentage pro AP, pro Projektphase als auch für das Gesamtprojekt ablesen (aus Platzgründen werden nur die ersten drei Phasen dargestellt).

» Dabei wurden die Personentage für Christian Sterrer und Gernot Winkler einzeln, für das restliche Projektteam und für die Projektmitarbeiter nur gemeinsam kalkuliert. Dies ist für dieses konkrete Buchprojekt funktional (da der Großteil der Tage bei Christian Sterrer und Gernot Winkler anfällt), sonst aber in Projekten eher unüblich. Meist erfolgt die Ressourcenplanung auf Abteilungsebene, selten auf Mitarbeiterebene.

» Neben den Plan-Tagen wurden die Ist-Tage erfasst und regelmäßig die Resttage für die offenen oder noch nicht begonnenen AP geschätzt. Diese sind aber in der Abbildung nicht dargestellt.

» In der Grafik lassen sich die Tage pro Projektphase sowie die Aufteilung zwischen den beiden Hauptbeteiligten (Sterrer und Winkler), dem Projektteam und den Projektmitarbeitern erkennen.

» Die beiden jeweils identen Balken pro Phase stellen die Plan- sowie aktuellen (Ist- und Rest-) Aufwände dar. Da hier eine Version nach Verabschiedung der Planung ausgewählt wurde, gibt es noch keine Abweichungen zwischen Plan und aktueller Planung.

Projektkostenplan

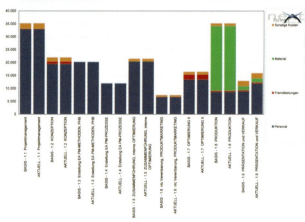

Erklärungen und Anmerkungen

» Die Projektkostenplanung erfolgte wie die Ressourcenplanung auf AP-Ebene. Hier wird als alternative Darstellung die Verdichtung der Kosten pro Projektphase, differenziert nach Kostenarten dargestellt.

» Dabei ist erkennbar, dass zum Zeitpunkt dieser Projektkostenplanung (Status zum Projektstart) noch keine Ist-Kosten erfasst wurden und somit die Plan-Kosten (Basiskosten) den aktuellen Kosten entsprechen und noch keine Kostenabweichungen identifzierbar sind.

» Nur eine vollständige Ist-Kostenerfassung und die regelmäßige Schätzung der Rest-Kosten pro AP ermöglichen auch während des Projekts eine seriöse Prognose, ob die Plan-Kosten gehalten werden können oder ob es zu Abweichungen kommen wird.

» Da in dem vorliegenden Projekt vorwiegend Personalkosten anfallen, schafft eine differenzierte Darstellung der Projektkosten pro Phase keinen Zusatznutzen.

Projektorganigramm

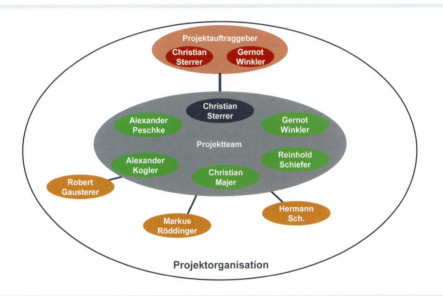

Erklärungen und Anmerkungen

» Das Projektorganigramm gibt in grafischer Form einen Überblick über die Projektorganisation.

» Dabei sind das Projektteam sowie die involvierten Projektmitarbeiter klar ersichtlich.

» Wie schon beim Projektauftrag erwähnt, ist es eher unüblich, dass ein Projektauftraggeber auch gleichzeitig Projektleiter ist.

» Auch die Definition von zwei Projektauftraggebern ist zwar für das konkrete Buchprojekt sinnvoll, in der generellen PM-Praxis aber eher selten. Ziel sollte eher sein, nur einen Projektauftraggeber zu identifizieren und bei mehreren Entscheidern einen Projektlenkungsausschuss (oder ein Projektsteering-Committee) zu etablieren.

» Üblicherweise wird im Projektorganigramm neben dem Namen auch die Abteilung oder die Kompetenz des jeweiligen Mitarbeiters eingetragen (auch das ist bei diesem Buchprojekt nicht sinnvoll).

Projektkommunikationsstrukturen

PROJEKTKOMMUNIKATION				
Bezeichnung	Ziele, Inhalte	Teilnehmer	Termine	Ort
Projektauftraggeber-Sitzungen	» Projektstatus » Übergreifende Entscheidungen » Abstimmung inhaltlicher Themen » Planung weiterer Vorgehensweise	Sterrer, Winkler	alle 4 bis 6 Wochen	zu vereinbaren
Projektteam-Sitzung	» Projektstatus » Controlling Leistungen, Termine, Ressourcen, Kosten, Umweltbeziehungen » Soziales Projektcontrolling » Diskussion übergeordneter Problemstellungen, inhaltliche Abstimmungen » Übergreifende Entscheidungen » Abstimmung inhaltlicher Themen » Planung weiterer Vorgehensweise	Sterrer, Winkler, Peschke, Schiefer, Majer, Kogler	ca. alle 6 Wochen	zu vereinbaren
Inhaltliche Sitzung	» Diskussion inhaltlicher Themenstellungen » Feedback zu Erstansätzen » Planung weiterer Vorgehensweise	nach Bedarf	nach Bedarf	zu vereinbaren

Erklärungen und Anmerkungen

» Die für dieses Projekt spezifischen Kommunikationsstrukturen geben Auskunft über die regelmäßigen Meetings in diesem Buchprojekt.

» Normalerweise wird zwischen inhaltlichen Projektteamsitzungen (meist Jour fixe genannt) und Projektcontrollingsitzungen unterschieden. Aufgrund der Überschaubarkeit des Projekts und aufgrund der unterschiedlichen Standorte der Projektteammitglieder wurden diese beiden Meetings allerdings häufig zusammengelegt.

Projektspielregeln

	PROJEKT-SPIELREGELN	
Symbol	Spielregel	Beschreibung
	keine Stellvertreter	» Wir entsenden keine Stellvertreter in unsere Sitzungen. » Sitzungstermine legen wir rechtzeitig fest und halten wir pünktlich ein. Bei Verzögerungen durch vorgelagerte Termine ist einer der beteiligten Sitzungsteilnehmer vorab zu kontaktieren. » Sollte ein Mitglied an einer vereinbarten Sitzung nicht teilnehmen, ist das Sitzungsteam auch ohne den Abwesenden beschlussfähig (Anwesende sind entscheidungsfähig). » Sollten relevante Teilnehmer fehlen, wird die Sitzung abgesagt.
	Rauchverbot	» In den Sitzungen rauchen wir grundsätzlich nicht. » Pausenzeiten stimmen wir zuvor gemeinsam ab.
	keine Mobiltelefone	» In den Sitzungen schalten wir die Mobiltelefone grundsätzlich ab. » Muss ein Teilnehmer erreichbar sein, wird dies vor der Sitzung vereinbart (das Gespräch muss außerhalb des Sitzungsraums geführt werden)
	Agenda und Protokolle	» Für jede Sitzung haben wir eine Agenda vorbereitet, legen einen Moderator und einen Verantwortlichen für das Protokoll fest. » Die Agenda verteilen wir zumindest einen Tag im Voraus an alle Sitzungsmitglieder. » Das Protokoll sollte zumindest innerhalb von 3 Tagen an alle Teilnehmer verteilt werden. Das Protokoll ist ein Ergebnisprotokoll, in dem die relevanten Entscheidungen kurz und prägnant aufgeführt werden und eine operative To-Do-Liste verwaltet wird. » Bei Einwendungen zum Protokoll werden diese innerhalb von 3 Tagen an den Projektleiter gemeldet.
	Kommunikation	» Wir setzen primär E-mail als Kommunikationsform ein. » Grundsätzlich ist der Projektleiter für die Projektkoordination verantwortlich. Der Projektleiter ist für das Projekt die primäre Kontaktstelle nach außen. Sollten daher projektrelevante Vereinbarungen getroffen werden, ist er davon umgehend in Kenntnis zu setzen (gilt vor allem für nlc partner und Marketing).
	Wir sind das Let your projects fly-Team	» Wir versuchen die gemeinsam definierten Ziele als Projektteam zu erreichen und jeder fühlt sich für die Ergebnisse des gesamten Projekts verantwortlich (auch wenn der Projektleiter dem Projektauftraggeber gegenüber letztverantwortlich ist). » Wir „vermarkten" gemeinsam das Projekt (die einzelnen Teammitglieder stehen hinter dem Projekt). » Konflikte tragen wir innerhalb des Teams aus und eskalieren diese gegebenenfalls an den Projektleiter oder Projektauftraggeber (Konflikte innerhalb des Teams werden nicht über die Linie ausgetragen, gegenüber „Projektexternen" tritt das Team einheitlich auf). » Im Team wird offen kommuniziert, „sensible" Informationen müssen als solche definiert werden, diese werden nicht nach außen getragen.

Erklärungen und Anmerkungen

» Wie in jedem Projekt wurden auch im vorliegenden Buchprojekt die projektspezifischen Spielregeln definiert und im Projekthandbuch dokumentiert.

» Diese Spielregeln wurden im Projektstart-Workshop gemeinsam festgelegt.

Projektrisikoanalyse

Projektrisikoanalyse

Nr. Code	Titel Text	Risikobeschreibung, Ursache Text	Risiko-kosten in Euro (€)	Ver-zögerung in Wochen (W)	Eintritts-wahrschein-lichkeit in Prozent (%)	Risiko-budget in Euro (€)	Risiko-kategorie Kategorie	Priorität Kategorie
	SUMME		17.500,00 €	6,0 W		2.500,00 €		
1	Verlag	Wir finden keinen Verlag, der unser Buch verlegt	7.500,00 €	6,0 W	20%	1.500,00 €	Leistungen	hoch
2	Akzeptanz der zukünftigen Leser	Die zukünftigen Leser erkennen nicht den Nutzen des Buches	10.000,00 €		10%	1.000,00 €	Ziele	mittel

Projektrisikoanalyse

Nr. Code	Titel Text	Präventive Maßnahmen Text	Kosten der Prävention in Euro (€)	Korrektive Maßnahmen Text
	SUMME		2.000,00 €	
1	Verlag	rechtzeitiger Kontakt mit Verlagen, Kontakt mit anderen Autoren, gute Vorbereitung für Verlagsgespräche	1.000,00 €	Eigenverlag
2	Akzeptanz der zukünftigen Leser	Abstimmung des Buches (Konzepts) mit Projektleitern, Sammlung von umfangreichem Feedback	1.000,00 €	Überarbeitung des Buches in der 2. Auflage

Erklärungen und Anmerkungen

>> Wie in der Projektrisikoanalyse erkennbar, hält sich die Anzahl der Risiken in Grenzen. Das bedeutet aber nicht, dass vorliegende Risiken zu unterschätzen sind.

>> Deshalb wurden die identifizierten Risiken eingeschätzt und insbesondere präventive Maßnahmen definiert.

>> In kritischer Selbstreflexion muss man sagen, dass die Verlagssuche und das Risiko, einen geeigneten Verlag zu finden, stark unterschätzt wurden und die Verzögerung weit höher war als angenommen.

Projektdokumentation

PROJEKTDOKUMENTATION	
Bereich	**Beschreibung**
Ablage	» Die zentrale Projektablage befindet sich unter Server:\\Ablage NLC\nlc produkte\02_Laufende Prod.entw.\pm buch\ » Die Ablage wird entsprechend dem PSP auf Phasenebene strukturiert. Die Phase der inhaltlichen Erarbeitung wird entsprechend der definierten Inhaltsstruktur weiter untergliedert. Diese Ablagestruktur gilt für die gesamte Projektdokumentation und ist verpflichtend. » Arbeitsdokumente können in eigener Struktur lokal abgelegt werden. » Sobald ein Dokument ein präsentierbares Zwischenergebnis erreicht, sollte es jedoch in den zentralen Projektordner gestellt werden.
Zugriffs-berechtigung	» Der Projektleiter und das Projektteam haben technisch volle Zugriffsrechte auf das Projektverzeichnis, organisatorisch legt der Projektleiter aber die Zuständigkeiten und Befugnisse für Arbeitspakete und Dokumente fest.
Namens-konvention	» Für dieses Projekt gibt es aufgrund des kleinen Projektteams und der geringen Anzahl an Dokumenten keine Vorgabe der Dokumentennamen.
Spielregeln	» Die Teammitglieder sollten immer wieder über neue Dokumente oder grundlegend geänderte Dokumente informiert werden. » Grundsätzlich sind die Projektbeteiligten nur zu informieren, dass sich neue Versionen von Dokumenten am Server befinden. Bei Externen die keinen Serverzugriff haben, und bei entsprechenden Vereinbarungen können Dokumente auch zusätzlich im Anhang verteilt werden. Ab einer Größe von 500KB sind Files jedenfalls zu packen (WINZIP). Eine Ausnahme stellen lediglich Flipchartprotokolle dar (kaum Reduktion der Dateigröße).

Erklärungen und Anmerkungen

» Die Vereinbarungen zur Projektdokumentation und zum Projektablagesystem entsprechen den üblichen Vereinbarungen.

» Auf differenzierte Zugriffsberechtigungen oder Maßnahmen zum Schutz von Dokumenten wurde hier aufgrund des kleinen Projektteams verzichtet.

Projektablauf, Guideline durch das Projekt

Neben dem Projektmanagement-Methoden-Know-how stellt insbesondere das Wissen über die Gestaltung der Projektmanagementprozesse eine wesentliche Kompetenz des Projektleiters dar. In diesem Kapitel werden diese Prozesse näher beschrieben und dienen somit als Guideline durch ein Projekt.

Übersicht PM-Prozesse

Nachfolgend wird zunächst ein Überblick über alle PM-Prozesse in projektorientierten Unternehmen gegeben und weiters werden die Prozesse des Einzelprojektmanagements näher beschrieben.

Überblick über die PM-Prozesse

In der Vergangenheit wurde unter Projektmanagement vorwiegend Methodenkompetenz verstanden. Die PM-Methodenkompetenz stellt die Grundlagen dar; ein professionelles, zeitgemäßes Projektmanagement kann jedoch nur durch die Sicherstellung eines professionellen Projektmanagementprozesses und seiner Teilprozesse gewährleistet werden.

Die PM-Prozesse beschreiben die Projektmanagement-Aktivitäten im Projektverlauf.

Grundsätzlich unterscheidet man in projektorientierten Unternehmen zwischen Einzelprojektmanagement, Multiprojektmanagement und Unternehmensmanagement.

UNM
Unternehmensmanagement

Strategische Ausrichtung
Budgetplanung und Finanzcontrolling
Ressourcenmanagement

MPM
Multiprojektmanagement

Beauftragung, Statusfreigaben, Abnahmen
Prüfung Strategiekonformität, Wirtschaftlichkeit etc.
Optimierung Projektportfolio
Organisatorisches Lernen aus Projekten

EPM
Einzelprojektmanagement

Planung, Kontrolle, Steuerung
Ziele, Projektkontext
Leistungen, Termine, Ressourcen, Kosten
Projektorganisation, Projektkommunikation
Projektdokumentation

Projektmanagement in projektorientierten Organisationen

Das **Einzelprojektmanagement** beinhaltet die PM-Prozesse, die zur erfolgreichen Durchführung eines singulären Projekts notwendig sind, also den Projektstart (Projektplanung), das regelmäßige Projektcontrolling, die kontinuierliche Projektkoordination und den Projektabschluss. Ergänzt werden diese Einzelprojektmanagementprozesse um ein adäquates Projektmarketing.

Unter Leistungserbringung (Auftragsabwicklung, Produktentwicklung etc.) werden alle inhaltlichen Tätigkeiten und Prozesse verstanden. Das Projektmanagement verfolgt das Ziel, diese Tätigkeiten in geplanter und organisierter Form zu managen. Fokus dieses Buches ist das Projektmanagement und deshalb wird auf die Leistungserbringung nicht weiter eingegangen.

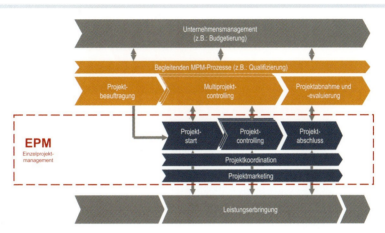

Überblick über die Prozesse im Projektmanagement (Fokus Einzelprojektmanagement)

In einigen PM-Ansätzen finden sich weitere PM-Prozesse, wie z. B. Qualitäts- und Änderungsmanagement. Qualität wird in diesem Buch als Teil der Leistungen angesehen, Änderungen werden im Rahmen des Projektcontrollings mitberücksichtigt.

Die **Multiprojektmanagementprozesse** beinhalten die übergeordneten PM-Prozesse, die in einem projektorientierten Unternehmen notwendig sind, um alle in einer Organisation laufenden Projekte geplant und koordiniert zu beauftragen (Projektbeauftragung), diese Projekte übergeordnet zu steuern (Multiprojektcontrolling) und schließlich abzunehmen und zu evaluieren (Projektabnahme und -evaluierung).

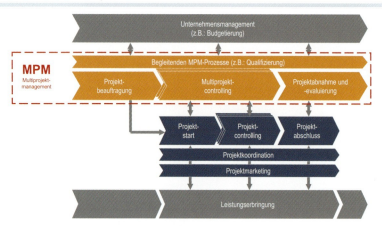

Überblick über die Prozesse im Projektmanagement (Fokus Multiprojektmanagement)

Basis für ein funktionierendes Multiprojektmanagement ist die professionelle Durchführung der Einzelprojektmanagmentprozesse durch die jeweiligen Projektleiter. Die Qualität und Aktualität der Daten und Informationen im Multiprojektmanagement ist direkt abhängig von dem Input aus dem Einzelprojektmanagement.

Die **Unternehmensmanagementprozesse** wiederum bauen auf den Multiprojektmanagement-prozessen auf bzw. liefern sie die nötigen Vorgaben zur Steuerung des Projektportfolios (Strategie- und Budgetierungsprozess).

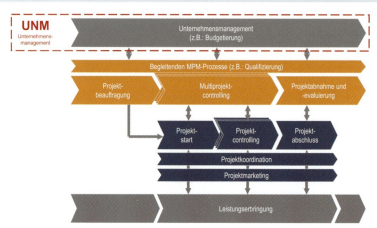

Überblick über die Prozesse im Projektmanagement (Fokus Unternehmensmanagement)

Wie bereits in der Einleitung beschrieben, ist der Fokus dieses Buches, einem Projektleiter eine Anleitung zur erfolgreichen Durchführung eines Projekts zu geben. Daher werden in diesem Buch nur ausgewählte PM-Prozesse beschrieben.

Der Erfolg eines Projekts hängt insbesondere von folgenden PM-Prozessen ab:

» Projektbeauftragung
» Projektstart
» Projektcontrolling
» Projektkoordination
» Projektmarketing
» Projektabschluss

Deshalb werden diese PM-Prozesse nachfolgend detailliert beschrieben. Diese Beschreibung soll als Anleitung für den Projektleiter dienen, die einzelnen Prozessschritte professionell und möglichst ressourcenarm durchzuführen, ohne wesentliche Punkte zu vergessen.

Beschreibung des Einzelprojektmanagementprozesses

Der **Projektbeauftragungsprozess** ist ein Prozess des Multiprojektmanagements. Er stellt die grundsätzliche Entscheidung zur Durchführung des Projekts, die Projektwürdigkeitsanalyse, den klaren Projektauftrag und die Auswahl des Projektauftraggebers sowie des Projektleiters sicher.

Der Projektbeauftragungsprozess ist die Basis für den Projektstartprozess, also der Projektplanung. Der Projektbeauftragungsprozess ist zwar ein Prozess des Multiprojektmanagements (gemeinsam mit dem Multiprojektcontrolling und der Projektabnahme/-evaluierung) und wird nicht den Prozessen des Einzelprojektmanagements (Projektstart-, Projektcontrolling-, Projektkoordination-, Projektkrisen- und Projektabschlussprozess) zugerechnet, trotzdem wird der Projektbeauftragungsprozess im Rahmen dieses Buches als wichtiger Schritt zur Abwicklung eines einzelnen Projekts beschrieben.

Der **Projektstartprozess** beinhaltet die gesamte Projektmanagementplanung, startet mit dem Projektauftrag und schließt mit der vollständigen Projektmanagementplanung in Form einer Projektmanagement-Dokumentation, dem Projekthandbuch, ab.

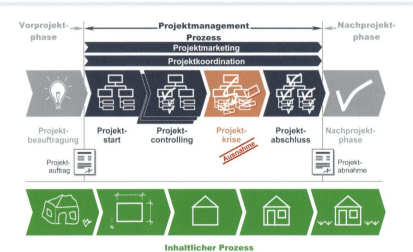

Die Einzelprojektmanagementprozesse im Überblick

Der **Projektcontrollingprozess** ist kein kontinuierlicher, sondern ein repetitiver PM-Prozess. Die Häufigkeit (Frequenz) richtet sich nach den Bedürfnissen des Projekts (meist alle vier bis sechs Wochen). Ziel des Projektcontrollings ist es, die Aktualität der erstellten PM-Planung zu überprüfen und eventuelle Abweichungen zu identifizieren. Ergebnis des Projektcontrollingprozesses sind geplante steuernde Maßnahmen (bei Abweichungen), ein aktualisiertes Projekthandbuch und ein Projektfortschrittsbericht.

Die **Projektkoordination** ist ein im Vergleich zum Projektcontrollingprozess kontinuierlicher Prozess und umfasst sämtliche Koordinationstätigkeiten des Projektleiters.

Das **Projektmarketing** ist ebenfalls eine kontinuierliche Aufgabenstellung und sorgt für die interne und externe Vermarktung des Projekts.

Der **Projektkrisenprozess** hat eine Sonderstellung, da dieser in „planmäßigen" Projekten nicht vorkommt und nur bei sprunghaften Veränderungen im Projektablauf zum Tragen kommt. Der Projektkrisenprozess startet mit der Krisendefinition und endet mit dem Projektkrisenabschluss sowie der Überleitung in den Projektcontrollingprozess. Der Projektkrisenprozess wird weder in der übergeordneten PM-Prozesse-Grafik dargestellt noch in diesem Buch näher beschrieben.

Der **P**rojektabschlussprozess schließt das Projekt inhaltlich und emotional/sozial ab, sichert das organisatorische Lernen und endet mit einer „sauberen" Projektablage, einem Projektabschlussbericht und einer Projektabnahme durch den Projektauftraggeber.

Wesentlich ist auch die Intensität des Projektmanagements in den jeweiligen Prozessen. Wird am Anfang in eine professionelle Planung investiert, ist der PM-Aufwand in den folgenden PM-Prozessen wesentlich geringer (siehe Grafik).

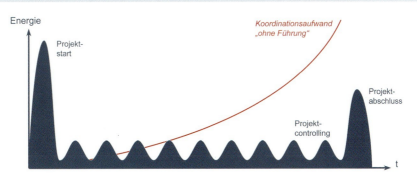

Darstellung der Energie- und Aufwandskurve des Projektmanagements

Als Anleitung zur Umsetzung der obigen PM-Energiekurve werden die einzelnen Prozesse im Projektmanagement im Anschluss ausführlich beschrieben und mithilfe von Prozessdarstellungen zusätzlich erklärt.

Der Aufbau der PM-Prozessbeschreibungen richtet sich nach folgender Logik:

» Überblick über den PM-Prozess gibt eine erste Übersicht über den PM-Prozess.

» Anleitung führt den Projektleiter durch alle wesentlichen Schritte des Prozesses und bildet den Kerninhalt der Prozessbeschreibungen. Die Anleitung fokussiert auf Projekte; Kleinprojekte werden in einem extra Kapitel behandelt.

» Ergebnisse des Prozesses fasst nochmals in Form einer Checkliste die am Ende des Prozesses vorliegenden Ergebnisse zusammen und dient dem Projektleiter zur Überprüfung.

» Der PM-Prozess in Kleinprojekten zeigt die Abweichungen zur Anleitung für Projekte; somit bekommt der Projektleiter nicht nur für Projekte, sondern auch für Kleinprojekte einen „abgespeckten" Vorschlag zur Vorgehensweise.

» Tipps und Tricks runden die Beschreibung der PM-Prozesse ab und verstehen sich als Sammlung von Empfehlungen und Stolpersteinen.

Projektbeauftragungsprozess: „Von der Idee zum Projektauftrag"

Bevor ein Projekt erfolgreich geplant und im Anschluss durchgeführt werden kann, muss das Projekt zunächst beauftragt werden.

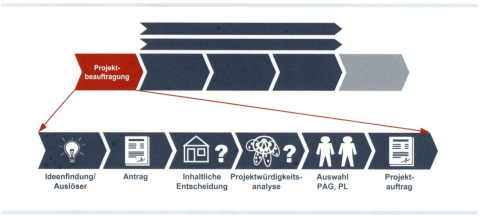

Dieser Beauftragungsprozess enthält folgende wesentliche Prozessschritte:

1. Auslöser (Idee, Kundenauftrag, interner Bedarf, Idee für Produktentwicklung etc.)

2. Beschreibung des Vorhabens in Form eines Projektantrags

3. Inhaltliche Entscheidung zur Durchführung des Vorhabens (hinsichtlich Konformität mit Strategien, Kosten, Ressourcenverfügbarkeit etc.)

4. Einstufung der Projektwürdigkeit (Differenzierung in Programm, Projekt, Kleinprojekt oder Linienaufgabe)

5. Auswahl von Projektauftraggeber und Projektleiter

6. Erstellung und Unterschrift des Projektauftrags

Anleitung

Schritt 1: Auslöser

Der Projektbeauftragungsprozess wird mit einem Auslöser gestartet. Dieser Auslöser hängt von der Projektart ab.

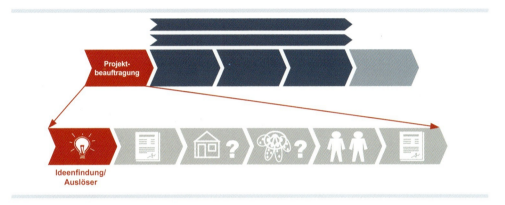

Beispiele für Auslöser können sein:

- ≫ Kundenanfrage (Konzeptionsprojekt)
- ≫ Kundenauftrag (Realisierungsprojekt)
- ≫ Eine Idee vom Linienvorgesetzen (z. B. internes Projekt, Infrastrukturprojekt, Produktentwicklungsprojekt)
- ≫ Bedarf von Vertriebsseite (Produktentwicklung)
- ≫ Restrukturierungsentscheidung (Organisationsentwicklungsprojekt)
- ≫ etc.

Schritt 2: Projektantrag

Basierend auf dem Auslöser muss dieser konkretisiert werden, meist in Form eines (Projekt-)Antrags.

Die Inhalte des (Projekt-)Antrags sind ähnlich jenen des Projektauftrags, werden aber meist um eine Projektbeschreibung ergänzt.

PROJEKTANTRAG	
Projekt: ☐	Kleinprojekt: ☐
Projektbeschreibung:	
Projektstartereignis: »	Projektstarttermin: »
Projektendereignis: »	Projektendtermin: »
Projektziele: » » » »	Nicht-Projektziele: » » »
Projektphasen: » » » » » »	Projektressourcen und –kosten: Ressourcen-/Kostenart | Mengeneinheit | Kosten (in Euro)
Projektauftraggeber (Vorschlag): »	Projektleiter (Vorschlag): »
Projektteam: » » » »	
.... Vorname Nachname (Projektantragsteller)	

Beispiel eines Projektantrags

Der Projektantrag ist ein wesentlicher erster Schritt zur professionellen Bearbeitung der Idee bzw. des Auslösers. Häufig werden Projektideen (Auslöser) nur mündlich besprochen und beauftragt. Diese Vorgehensweise ohne schriftliche Formulierung des (Projekt-)Antrags führt häufig bereits im nächsten Schritt der Entscheidungsfindung zu Missverständnissen. Wichtig ist die schriftliche Formulierung, nicht aus formalistischen oder bürokratischen Gründen, sondern zur Konkretisierung der (Projekt-)Idee – und damit als Voraussetzung einer professionellen Diskussion und einer inhaltlichen Entscheidung.

Die Erstellung des Projektantrags erfolgt durch den Antragsteller, eine Evaluierung häufig durch ein Projekteservice (Rolle zur Organisation des operativen Projektportfoliomanagements) sowie die Entscheidung durch einen Projektesteuerkreis (strategisches Gremium von Entscheidern, die für die Steuerung des Projektportfolios verantwortlich sind), alternativ auch durch den Projektauftraggeber.

Es ist in der Praxis oft nicht einfach, alle Informationen des Projektantrags in dieser frühen Phase zusammenzustellen. Aber es gilt: Je besser der Projektantrag ausgearbeitet ist, desto besser ist auch die Entscheidungsbasis.

Schritt 3: Inhaltliche Entscheidung

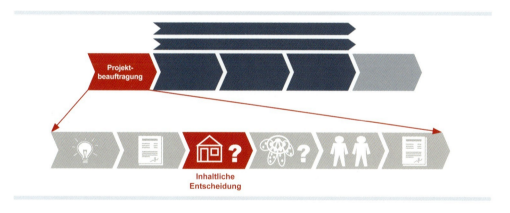

Nach der Erstellung und Einreichung des Projektantrags erfolgt eine inhaltliche Entscheidung (das bedeutet, es wird nicht über die Bearbeitungsform entschieden, sondern ob die anstehende Aufgabenstellung durchgeführt werden soll oder nicht). Diese Entscheidung hängt vom zu erwartenden Nutzen, der Eingliederung des Projekts in die generelle Ausrichtung des Unternehmens bzw. des Bereichs (Strategiekonformität), aber auch von den verfügbaren Ressourcen und Kosten ab (oft wird in diesem Zusammenhang ein Business-Case gerechnet) sowie insbesondere natürlich auch von der inhaltlichen (technischen) Machbarkeit. Alle diese Kriterien werden bei der Prüfung des Antrags berücksichtigt und es werden eine Kosten-Nutzenabschätzung sowie eine Priorisierung durchgeführt. Ein Ergebnis kann sein, dass der Projektantrag zwar strategiekonform ist und, basierend auf einem Business-Case, einen Nutzen für das Unternehmen bringt, allerdings andere Projekte eine höhere Priorität besitzen und der Projektantrag aufgrund beschränkter Ressourcen trotzdem abgelehnt oder verschoben wird.

Diese inhaltliche Entscheidung wird von den entsprechenden (Linien-)Verantwortlichen getroffen. In projektorientierten Organisationen, in denen ein Multiprojektmanagement bereits etabliert ist, wird diese Entscheidung häufig von einem Projektesteuerkreis getroffen. Diese Entscheidung ist die Basis für das weitere Vorgehen im Prozess. Wird hier gegen den Antrag entschieden, wird der Beauftragungsprozess abgebrochen.

Schritt 4: Projektwürdigkeitsanalyse

Ist die inhaltliche Entscheidung positiv ausgefallen und hat man sich für das Vorhaben entschieden, wird im Rahmen einer Projektwürdigkeitsanalyse über die Organisationsform der Umsetzung entschieden.

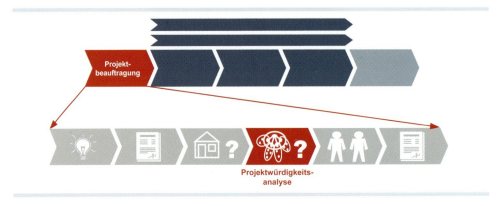

Grundsätzlich stehen folgende Organisationsformen zur Auswahl:

» Durchführung in der Linienstruktur (geringe Komplexität, kann über etablierte Standardprozesse des Unternehmens abgearbeitet werden)

» Durchführung als Kleinprojekt (mittlere Komplexität, wird mit reduziertem Projektmanagement durchgeführt)

» Durchführung als Projekt (hohe Komplexität, wird mit umfassendem Projektmanagement durchgeführt)

» Durchführung als Programm (sehr hohe Komplexität, es sind mehrere Projekte und Kleinprojekte zur Abarbeitung der Aufgabenstellung notwendig)

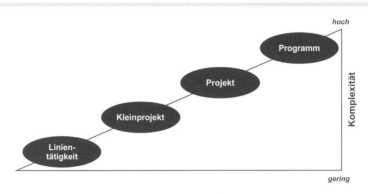

Überblick über temporäre Aufgaben

Linientätigkeiten werden nicht in einer Projektorganisation abgewickelt, sondern meist sind dafür Standardprozesse in der (Linien-)Organisation definiert, nach denen die involvierten Mitarbeiter ihre Teilaufgaben erfüllen.

Bei **Kleinprojekten** handelt es sich meist um Aufgabenstellungen, die nicht in Standardprozessen definiert sind, die aber sowohl vom Umfang als auch von der Komplexität eher „überschaubar" sind. Für Kleinprojekte wird ein kleines Projektteam definiert und es werden nur ausgewählte PM-Methoden zum Management des Projekts verwendet.

Bei **Projekten** handelt es sich um komplexe Aufgabenstellungen, die ein großes (größeres) Projektteam erfordern und eine umfassende PM-Planung notwendig machen.

Ist eine Aufgabenstellung so umfangreich, dass sie nicht in einem einzigen Projekt abgewickelt werden kann, sondern mehrere Projekte und Kleinprojekte notwendig sind, bezeichnet man das Vorhaben als **Programm**. Das Programm-Management sprengt den inhaltlichen Rahmen dieses Buches und wird daher an dieser Stelle nicht detailliert beschrieben.

Die Projektwürdigkeitsentscheidung kann entweder durch den jeweiligen Projektleiter bzw. Projektauftraggeber individuell getroffen werden oder es bestehen im Unternehmen definierte Kriterien mit dazugehörigen Ausprägungen.

Projektwürdigkeitskriterien	Kleinprojekt	Projekt
Projektdauer	Mind. 6 Wochen	Mind. 3 Monate
Projektkosten	Mind. 20.000 €	Mind. 100.000 €
Ressourceneinsatz	Mind. 10 Pers.tage	Mind. 100 Pers.tage
Organisatorische Komplexität		Mind. 3 involv. Abt.
Technische Komplexität		Neue Technologie

Es „müssen" mind. 3 der 5 Kriterien zutreffen, damit es sich um ein Projekt oder Kleinprojekt handelt.

Beispiel einer Projektwürdigkeitsanalyse

Die Entscheidung, ob die anstehende Aufgabe als Kleinprojekt oder als Projekt durchgeführt wird, wirkt sich auf den Umfang des Projektmanagements aus.

Die Entscheidung, welche PM-Methoden eingesetzt werden, kann wieder entweder durch den Projektleiter individuell getroffen oder im Unternehmen durch eine vereinbarte PM-Methodenliste vorgegeben werden. In einer solchen Methodenliste wird zwischen Muss-Methoden und Kann-Methoden unterschieden (Muss-Methoden müssen eingesetzt werden, während Kann-Methoden optional eingesetzt und vom Projektleiter aufgrund der Gegebenheiten des Projekts entschieden werden).

Eine PM-Methodenliste sichert einen gemeinsamen PM-Standard im Unternehmen und gewährleistet den erforderlichen Managementaufwand entsprechend der Komplexität der Aufgabenstellung.

	Kleinprojekt	Projekt		
Projektauftrag	✕	✕	✕	Mussanforderung
Projektorganigramm		✕		Projektplanung
Projektrollenbeschreibungen				Projektcontrolling
Arbeitspaketverantwortliche	✕	✕		Projektabschluss
Projektfunktionendiagramm				
Projektkommunikationsstrukturen		✕		
Projektspez. Spielregeln		✕		
Projektumweltanalyse & Beziehung zu and. Projekten		✕		
Projekthandbuch	✕	✕		
Ergebnisplan/Betrachtungsobj.				
Projektstrukturplan	✕	✕		
Arbeitspaketspezifikationen				
Projektmeilensteinplan	✕	✕		
Projektterminliste				
Projektbalkenplan		✕		
Projektressourcenplan		✕		
Projektkostenplan		✕		
Projektfinanzmittelplan				
Projektrisikoanalyse		✕		
Projektfortschrittsbericht	✕	✕		
Projektabschlussbericht		✕		

Beispiel einer PM-Methodenliste

Gibt es im Unternehmen keine Projektwürdigkeitsanalyse und keine definierte PM-Methodenliste, sind diese Entscheidungen vom Projektleiter oder in Abstimmung mit dem Projektauftraggeber zu treffen. Dafür ist zunächst die Komplexität der Aufgabenstellung einzuschätzen. Vorsicht, üblicherweise wird die Komplexität unterschätzt!

Ist die anstehende Aufgabenstellung entsprechend der obigen Beschreibung eingestuft, sollten Sie die angeführte PM-Methodenliste durchgehen und die für Ihr Vorhaben notwendigen PM-Pläne auswählen. Die Frage sollte lauten: „Was brauche ich, um das Projekt plan- und steuerbar zu machen, um das Projekt (Kleinprojekt) professionell managen zu können?"

Schritt 5: Auswahl Projektauftraggeber und Projektleiter

Ist die Entscheidung über die Projektwürdigkeit getroffen, sind in einem nächsten Schritt Projekt-auftraggeber (PAG) und Projektleiter (PL) auszuwählen.

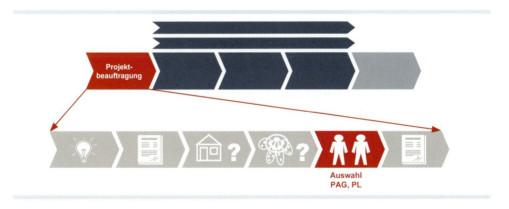

Der Projektauftraggeber hat
>> die Kompetenz zur Beauftragung eines Projekts,
>> die Kompetenz zur Bereitstellung der notwendigen Projektressourcen (vor allem Personal),
>> die Kompetenz zur Bereitstellung des nötigen Projektbudgets,
>> ausreichend Kapazität (Zeit) zur Führung des Projektleiters (regelmäßige Projektauftraggeber-sitzungen, Unterstützung des Projektleiters).

Siehe: Rollenbeschreibung Projektauftraggeber im Kapitel „Projektorganisation"

Häufig scheitern Projekte an der fehlenden oder falschen Auswahl des Projektauftraggebers:

» Wird kein dezidierter Projektauftraggeber (PAG) definiert, hat der Projektleiter bei Fragen oder Problemen im Projekt keinen konkreten Ansprechpartner und muss mühsam versuchen, von den involvierten Führungskräften eine Entscheidung zu bekommen.

» Wird ein Projektauftraggeber definiert, der die obigen Kompetenzen nicht vollständig abdeckt, wird sich das Projekt bei Problemen verzögern. Grund ist, dass der Projektauftraggeber die notwendige Unterstützung und die nötigen Entscheidungen nicht selbst treffen kann, sondern nur in Abstimmung mit anderen Führungskräften – und das kostet erfahrungsgemäß Zeit.

» Ist der Projektauftraggeber sehr hochrangig, stellt sich immer die Frage, ob der PAG tatsächlich Zeit für das Projekt hat; Zeit dazu, monatlich den Projektfortschrittsbericht zu lesen, einmal pro Monat mit dem Projektleiter im Rahmen einer Projektauftraggebersitzung den Projektstatus und anstehende Entscheidungen zu besprechen etc. – „nur ein verfügbarer Auftraggeber ist ein guter Auftraggeber".

» Bei abteilungs- oder bereichsübergreifenden Projekten wird häufig ein Projektsteering-Committee oder ein Projektlenkungsausschuss (PLA) eingerichtet. Dieser PLA setzt sich aus den Abteilungs- oder Bereichsleitern der involvierten Abteilungen und Bereiche zusammen und sichert die Ressourcen- und meist auch die notwendige Budgetbereitstellung.

Zur Auswahl des Projektleiters ist Folgendes zu beachten: der Projektleiter

» verfügt über das notwendige Projektmanagement-Know-how,
» hat ausreichend Projektpraxiserfahrung zur Leitung des Projekts,
» hat ausreichendes inhaltliches Know-how zur Führung des Projekts,
» hat die notwendige soziale Kompetenz zur Führung des Projektteams,
» verfügt über ausreichende Kapazitäten zur Führung des Projekts.

Siehe: Rollenbeschreibung Projektleiter im Kapitel „Projektorganisation"

Schritt 6: Erstellung Projektauftrag

Sind Projektauftraggeber und Projektleiter definiert, muss als nächster Schritt der Projektauftrag erstellt werden. Der Projektauftrag dient einer einheitlichen Sichtweise auf die wesentlichen „Eckpfeiler" des Projekts (siehe Projektauftrag).

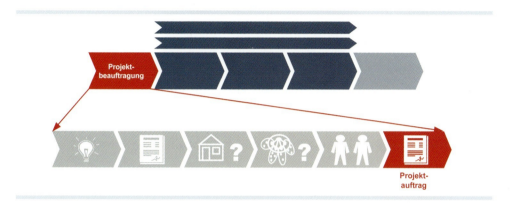

Die Erstellung eines Projektauftrags im Projektbeauftragungsprozess ist ein entscheidender Schritt. Wird dieser Projektauftrag nicht gemeinsam (von Projektauftraggeber und Projektleiter) erstellt, vereinbart und als Zeichen der gemeinsamen Zustimmung unterschrieben, kann nicht gewährleistet werden, dass Projektauftraggeber und Projektleiter eine gemeinsame Sichtweise zu dem Projekt haben. Ein unterschriebener Projektauftrag ist außerdem ein wesentliches Zeichen für das zukünftige Projektteam und Indikator für eine bestehende Projektkultur im Unternehmen.

PROJEKTAUFTRAG	
Projektstartereignis: »	**Projektstarttermin:** »
Projektendereignis: »	**Projektendtermin:** »
Projektziele: » » » » »	**Nicht-Projektziele:** » » »
Projektphasen: » » » » »	**Projektressourcen und –kosten:**
Projektauftraggeber: »	**Projektleiter:** » Vorname Nachname
Projektteam: » » » » »	**Projektmitarbeiter:** » » » »

Projektressourcen-Tabelle:

Ressourcen-/Kostenart	Mengeneinheit	Kosten (in Euro)

....
Vorname Nachname (Projektleiter)

....
Namen (Projektauftraggeber)

Beispiel eines Projektauftrags

Was bei der Erstellung des Projektauftrags zu beachten ist, wird im Kapitel „Projektmanagement-Methoden" beschrieben.

Ergebnisse der Projektbeauftragung

» Die inhaltliche Entscheidung, ob das anstehende Vorhaben durchgeführt werden soll, oder nicht, ist getroffen (Entscheidung hinsichtlich Inhalten, strategischer Ausrichtung, verfügbaren Ressourcen und Kosten etc.).

» Auf Basis der Projektwürdigkeitsanalyse wurde über die Bearbeitungsform (Linienaufgabe, Klein-projekt, Projekt oder Programm) entschieden.

» Projektauftraggeber und Projektleiter sind ausgewählt.

» Der (vorläufige) Projektauftrag ist erstellt, zwischen Projektauftraggeber und Projektleiter abge-stimmt und unterschrieben.

» Ein Erstansatz zur Projektorganisation (Auswahl des Projektteams) liegt vor.

» Die nötigen Projektressourcen und das nötige Projektbudget sind durch den Projektauftraggeber bzw. durch den Projektsteuerungskreis sichergestellt.

Projektbeauftragung von Kleinprojekten

Nachdem erst im Rahmen des Beauftragungsprozesses entschieden wird, ob die Aufgabenstellung als Projekt oder Kleinprojekt durchgeführt wird, ist dieser Prozess für Projekte und Kleinprojekte gleich. Das bedeutet, dass es für Kleinprojekte keine Abweichung zur vorab beschriebenen Anleitung für Projekte gibt.

! Tipps und Tricks in der Projektbeauftragung

» Starten Sie als Projektleiter keine Projekte ohne Projektauftraggeber oder Projektlenkungsaus-schuss!

» Stellen Sie sicher, dass der Projektauftrag zwischen Projektauftraggeber und Projektleiter gemein-sam erstellt wird!

» Starten Sie keine Projekte als Projektleiter ohne unterschriebenen Projektauftrag!

» Klären Sie ab, ob der Projektauftraggeber oder der Projektlenkungsausschuss die nötigen Projekt-ressourcen und das nötige Projektbudget freigeben kann!

» Klären Sie für sich ab, ob Sie als Projektleiter die nötige Kompetenz und Erfahrung (fachliche, soziale und Management-Kompetenz) für das anstehende Projekt mitbringen! Überlegen Sie gege-benenfalls die Hinzuziehung eines Projektcoaches!

» Klären Sie die Rahmenbedingungen in Ihrem Projekt, die Sie benötigen, damit Sie das Projekt erfolgreich durchführen können!

Projektstartprozess:
„Vom Projektauftrag zum fertigen Projekthandbuch bzw. zur fertigen PM-Planung"

Im Projektstartprozess erfolgt die Projektmanagementplanung. Der Projektstartprozess wird ausgelöst durch den Projektauftrag vom Projektauftraggeber an den Projektleiter und ist abgeschlossen, sobald das Projekthandbuch inklusive aller notwendigen Projektpläne erstellt, dokumentiert und vereinbart ist.

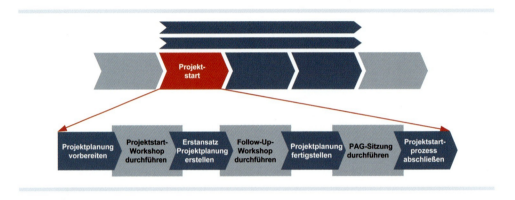

Die Vorgehensweise im Projektstartprozess hängt von der Komplexität des Projekts, der Projektart (Konzeptions- oder Realisierungsprojekt), der Branche und dem Umfeld ab.

Entscheidend bei der Gestaltung des Projektstartprozesses ist es, eine möglichst vollständige und detaillierte Projektmanagementplanung zu erstellen, diese PM-Planung gemeinsam mit dem Projektteam zu erarbeiten und zu verabschieden, die relevanten Projektumwelten mit einzubinden und trotzdem einen effizienten und ressourcensparenden Projektstartprozess zu organisieren.

Anleitung

Schritt 1: Projektplanung vorbereiten

Vor der Vorbereitung des Projektstart-Workshops muss der Projektleiter den Projektstartprozess planen. Die Gestaltung des Projektstartprozesses hängt einerseits von der Komplexität und andererseits von den Rahmenbedingungen des Projekts ab.

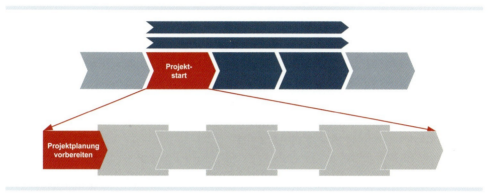

Vorgehensweise zur Gestaltung des Projektstartprozesses:

» Analyse der Komplexität des Projekts und des Projektkontexts im Form einer Situationsanalyse

» Auswahl der notwendigen PM-Methoden

» Entwicklung des Projektstartprozesses (Abfolge der notwendigen Prozessschritte)

» Entwicklung (Adaption) der PM-Methodenmatrix zur besseren Orientierung: In welchem Schritt des Startprozesses werden welche PM-Methoden erarbeitet, optimiert oder verabschiedet?

» Entwicklung von Detaildesigns der einzelnen Workshops

| Analyse der Komplexität des Projekts und des Projektkontexts in Form einer Situationsanalyse | Auswahl der notwendigen PM-Methoden | Entwicklung des Projektstartprozesses (Abfolge der notwendigen Prozessschritte) | Entwicklung (Adaption) der PM-Methodenmatrix | Festlegung einer Agenda und Entwicklung von Detaildesigns der einzelnen Workshops |

Im Folgenden werden die einzelnen Schritte detailliert beschrieben:

I. Analyse der Komplexität des Projekts und des Projektkontexts in Form einer Situationsanalyse

Zur besseren Identifikation der Situation zu Beginn des Projekts kann die Situationsanalyse verwendet werden.

Basierend auf der Interpretation der Situationsanalyse kann der Projektstartprozess „designed" werden. Zur besseren Beurteilung der Ausgangssituation eignet sich die so genannte Situationsanalyse. Diese kann entweder schon im Projektbeauftragungs- oder aber im Projektstartprozess durchgeführt werden. Mithilfe dieser Methode können einerseits die Komplexität des Projekts besser erfasst und andererseits die Rahmenbedingungen zur Durchführung des Projekts identifiziert werden.

Es empfiehlt sich folgende Vorgehensweise:

» Analyse des Projekts anhand der angeführten Kriterien und Interpretation der Projektkomplexität
» Analyse der Rahmenbedingungen anhand der angeführten Kriterien und Interpretationen
» Analyse der Erwartungshaltungen der relevanten Projektumwelten
» Auf diesen Informationen basierend sollte eine Gesamtsituationsanalyse und darauf aufbauend eine bessere Abschätzung des Projekts sowie eine geeignete Dimensionierung des Projektmanagementaufwandes möglich sein.

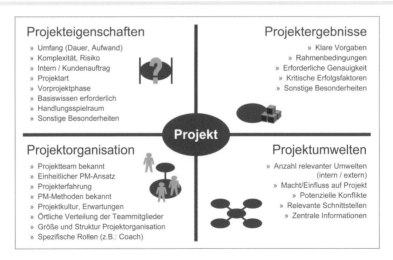

Darstellung einer Situationsanalyse

Ein Ergebnis aus einer Situationsanalyse könnte sich folgendermaßen darstellen:

>> Sehr komplexe und umfangreiche Aufgabe, wenig Erfahrung bei den Projektbeteiligten, keine etablierten PM-Richtlinien und PM-Hilfsmittel: Das würde bedeuten, dass ein komplexes Projekt in einem schwierigen Umfeld durchgeführt werden muss, was beispielsweise folgende Konsequenzen haben könnte:

>> Durchführung als Projekt

>> Hohe Anforderungen an den Projektleiter

>> Umfangreicher und eher längerer PM-Startprozess (Projektplanung)

>> Hohe Aufmerksamkeit des Projektauftraggebers notwendig

>> Weniger komplexe Aufgabenstellung, die Projektteammitglieder haben viel Projekterfahrung und man kann von einer einheitlichen PM-Kultur ausgehen. Das bedeutet ein „überschaubares" Projekt in einem einfachen Umfeld, was beispielsweise folgende Konsequenzen haben könnte:

>> Durchführung als Kleinprojekt

>> Keine besonders hohen Anforderungen an den Projektleiter

>> Kurzer PM-Startprozess (Projektplanung)

>> Keine besondere Aufmerksamkeit des Projektauftraggebers notwendig

Dazu sind u. a. folgende Überlegungen relevant:

>> Kann die wesentliche PM-Planung im Start-Workshop erfolgen oder ist zusätzlich noch ein Follow-Up-Workshop notwendig?

>> Gibt es nach Fertigstellung der PM-Planung ein Projektauftraggeber-Meeting zur Vorstellung und Vereinbarung der Projektplanung?

>> Sollte noch vor dem Projektstart-WS ein Führungskräfte-Kick-Off-Meeting zur Vorstellung des Projekts und zur Vereinbarung der nötigen Projektressourcen durchgeführt werden?

>> Bei Kundenprojekten: Wie ist der Kunde in den Projektstartprozess einzubinden (z. B. in Form eines Kick-Off-Meetings nach dem Projektstart-Workshop)?

>> Je komplexer das Projekt und je schwieriger das Umfeld, desto länger und aufwändiger wird der Startprozess und vice versa.

2. Auswahl der notwendigen PM-Methoden

Aufbauend auf der Komplexität des Projekts (Kleinprojekt) werden adäquate PM-Methoden für das konkrete Projekt ausgewählt. Wie schon im Abschnitt zum Projektbeauftragungsprozess beschrieben, kann die dazu verwendete PM-Methodenliste im Unternehmen entweder für alle Projekte (Kleinprojekte) definiert sein oder der Projektleiter muss die für sein Projekt relevanten PM-Methoden selbst auswählen.

	Vorgabe	Auswahl
Projektauftrag	✗	✗
Projektorganigramm	✗	✗
Projektrollenbeschreibungen		
Arbeitspaketverantwortliche	✗	✗
Projektfunktionendiagramm		
Projektkommunikationsstrukturen		✗
Projektspez. Spielregeln		
Projektumweltanalyse & Beziehung zu and. Projekten	✗	✗
Projekthandbuch	✗	✗
Ergebnisplan/Betrachtungsobj.		✗
Projektstrukturplan	✗	✗
Arbeitspaketspezifikationen		✗
Projektmeilensteinplan	✗	✗
Projektterminliste		
Projektbalkenplan		✗
Projektressourcenplan	✗	✗
Projektkostenplan	✗	✗
Projektfinanzmittelplan		
Projektrisikoanalyse		✗
Projektfortschrittsbericht	✗	✗
Projektabschlussbericht	✗	✗

✗ Mussanforderung lt. Standardprojekt

✗ Auswahl für spez. Projekt

▮ Projektplanung

▮ Projektcontrolling

▮ Projektabschluss

Beispiel einer PM-Methodenliste

Dabei sind folgende Überlegungen relevant:

» Auswahl nur jener PM-Methoden, die zum Management des vorliegenden Projekts notwendig sind (oft ist weniger mehr)!

» Je komplexer das Projekt, umso mehr PM-Methoden sind notwendig, um die Komplexität zu strukturieren und zu planen bzw. im Weiteren zu controllen.

» Für die Planung, aber insbesondere für das Projektcontrolling sind adäquate EDV-Werkzeuge und die Disziplin der Beteiligten notwendig.

» Die Auswahl erfolgt durch den Projektleiter in Abstimmung mit dem Projektteam und dem Projektauftraggeber.

» Neben der Auswahl der PM-Methoden ist die Detaillierung der PM-Planung und des Projektcontrollings festzulegen.

Betrachtungs-objekte	PM-Methoden	Detaillierungsgrad		Legende:
		Projekt-planung	Projekt-controlling	
Leistungen	» Projektstrukturplan » AP-Spezifikation			Projekt-Ebene
Termine	» Meilensteinplan » Balkenplan			Phasen-Ebene
Ressourcen	» Personaleinsatzplan	Plan Personalaufwände	Ist Personalaufwände	Arbeits-paket-Ebene
Kosten	» Kostenplan » Finanzmittelplan	Plan Kosten	Ist Kosten	
Organisation	» AP-Verantwortliche » Funktionendiagramm			

Beispiel: Detailmethoden in Projektplanung und -controlling

Anhand der Tabelle ist erkennbar, welche Methoden in welcher Detaillierung (basierend auf dem Projektstrukturplan) geplant und controlled werden. Diese Tabelle ist vom Projektleiter unbedingt im Vorfeld zu erstellen und gegebenenfalls mit dem Projektauftraggeber und im weiteren Verlauf mit dem Projektteam abzustimmen. Die obige Tabelle stellt beispielsweise Leistungsplanung und Leistungscontrolling auf Arbeitspaketebene fest, während Projektressourcen auf Arbeitspaketebene geplant, aber auf Phasenebene controlled werden.

3. Entwicklung des Projektstartprozesses (Abfolge der notwendigen Prozessschritte)

Das Design des Projektstartprozesses ist von entscheidender Bedeutung für die PM-Planung. Es ist darauf zu achten, einerseits die Erstellung einer gemeinsamen Planung mit einem breiten Commitment aller relevanten Beteiligten zu erlangen, andererseits eine effiziente ressourcensparende PM-Planung zu erstellen. Viele Projektleiter planen zwar einen Start-Workshop oder ein Kick-Off-Meeting, vergessen aber, zuvor den Projektstartprozess zu planen.

„Das Ende eines Projekts bahnt sich mit seinem Anfang an." Das bedeutet, dass ein professioneller Projektstart(prozess) eine professionelle Projektplanung nach sich zieht, was erfolgskritisch für das gesamte Projekt ist.

4. Entwicklung (Adaption) der PM-Methodenmatrix

Sind die PM-Methoden ausgewählt und der Projektstartprozess definiert, kann eine so genannte PM-Methodenmatrix erstellt werden. Horizontal steht der Projektstartprozess und vertikal die ausgewählten PM-Methoden. An den Schnittstellen werden die notwendigen Bearbeitungsschritte pro PM-Methode und Arbeitsschritt beschrieben. Dadurch wird sichergestellt, dass sich der Projektleiter für den Projektstartprozess genau überlegt, wann welche PM-Methode in welcher Detaillierung bearbeitet wird.

Beispiel einer PM-Methodenmatrix

 Nutzen Sie die beiliegende Vorlage auf der CD-ROM!

Es hat sich in der Praxis bewährt, bei der Erstellung der PM-Methoden zwischen unterschiedlichen Bearbeitungsschritten zu unterscheiden:

Legende mit den in der PM-Methodenmatrix verwendeten Symbolen

5. Festlegung einer Agenda und Entwicklung von Detaildesigns der einzelnen Workshops

Nach der Erstellung der PM-Methodenmatrix ist die Auswahl der zu bearbeitenden PM-Methoden für die geplanten PM-Workshops weitgehend festgelegt.

Darauf aufbauend kann dann eine Agenda für die jeweiligen Workshops und eine Einladung an die Teilnehmer der Workshops erstellt und verschickt werden.

Einladung Projektstart-Workshop

Projekt:	Projektleiter:
Datum / Zeit:	Teilnehmer: » »
Ort:	» »

Ziele

- » Gemeinsamer Start des Projekts
- » Sicherstellen eines gemeinsamen Informationsstandes (gemeinsame Sichtweise)
- » Ergänzung und Adaption von Erstansätzen der Projektpläne
- » Klärung der Ziele und Nutzen der verwendeten Projektmanagement (PM)-Methoden
- » Klärung der Projektrollen, Vereinbarung von Arbeitsformen und „Spielregeln"
- » Kennenlernen des Projektteams, Teambildung
- » Vereinbarung der weiteren Vorgangsweise (WVW)

Nicht-Ziele

- » Fertigstellung der PM-Planung
- » Bearbeitung und Diskussion inhaltlicher Arbeitspakete

Tagesordnung Projektstart-Workshop

- » Begrüßung, Einstieg, Ziele und Ablauf, Vorstellrunde
- » Beschreibung und Status des Projekts durch den Projektleiter
- » Projektabgrenzung und Projektkontextanalyse (zeitlich, sachlich)
- » Projektorganigramm, Kommunikationsstrukturen
- » Projektleistungsplanung (Ergebnisplan / Betrachtungsobjekte, Projektstrukturplan)
- » Definition von Arbeitspaketverantwortlichen, Definition notwendiger AP-Spezifikationen
- » Terminplanung (Meilensteinplan, Grobbalkenplan)
- » Projektumweltanalyse
- » Diskussion und Organisation Ressourcen-, Kostenplanung
- » Vereinbarung projektspezifischer Spielregeln
- » Vereinbarung der weiteren Vorgangsweise (WVW)

Unterlagen

- » Erstansatz Projektpläne, Projekthandbuch
- » (Projektauftrag, Ergebnisplan / Betrachtungsobjekte, Projektstrukturplan, Meilensteinplan, Grobbalkenplan, Organigramm etc.)
- » Einladung mit Agenda
- » Vertrag

Beispiel einer Einladung zum Projektstart-Workshop

Zur besseren Moderation der Workshops empfiehlt es sich, ein Design für den jeweiligen Workshop zu erstellen. Unter Design versteht man eine detaillierte Zeitplanung aller Agendapunkte des Workshops. Ein solches Design hilft dem Moderator des Workshops (und das ist in vielen Fällen der Projektleiter selbst), alle Agendapunkte bis zum geplanten Ende durchzubringen. Der Moderator kann während der Moderation die geplanten Zeitansätze immer wieder mit der aktuellen Situation vergleichen und entsprechend anpassen.

Design Projektstart-Workshop		
Projekt:	Projektleiter:	
Datum / Zeit:	Teilnehmer: » » » »	
Ort:		

Agenda	Verantwortlich	Dauer
1. Begrüßung, Einstieg, Ziele und Ablauf, Vorstellrunde	PC, PL	08:00-08:25
2. Status Projekt	PL	08:25-08:50
3. Ergänzung Projektabgrenzung, Projektkontextanalyse	PC, PL	08:50-09:40
4. Überarbeitung Projektorganigramm, Kommunikationsstrukturen	PC, PL	09:40-10:10
5. Pause		10:10-10:30
6. Ergebnisplan / Betrachtungsobjekte	PC	10:30-10:50
7. Überarbeitung Projektstrukturplan (PSP)	PC	10:50-11:50
8. AP-Verantwortliche, AP-Spezifikationen	PC	11:50-12:15
9. Mittag		12:15-13:15
10. Überarbeitung Grobterminplanung	PC	13:15-14:00
11. Projektumweltanalyse (PUA)	PC	14:00-14:40
12. Pause		14:40-15:00
13. Diskussion und Organisation Ressourcen-, Kostenplanung	PC	15:00-15:30
14. Spielregeln	PC	15:30-15:50
15. Planung WVW, Abschluss	PC	15:50-16:10

Weitere Informationen
» » »

PL.....Projektleiter
PC.....Projektcoach

Beispiel eines Designs für einen Projektstart-Workshop

Die Vorbereitung der Projektplanung erfolgt verantwortlich durch den Projektleiter. Neben der Auswahl der Teilnehmer für den Projektstart-Workshop (WS) muss der WS organisiert werden.

Folgende Punkte sind in der Vorbereitung zu beachten:

» Auswahl der Teilnehmer für den Projektstart-WS

» Festlegung von Termin, Ort, Dauer

» Erstellung der Einladung/Agenda und Versand an die Teilnehmer

» Auswahl des Moderators

» Auswahl und Vorbereitung der Räumlichkeiten

» Auswahl und Vorbereitung der notwendigen Medien (Beamer, Flipchart, Overhead, Pinwände etc.)

» Auswahl und Erstellung der vorzubereitenden PM-Pläne

» Ev. Durchführung von Vorgesprächen (mit relevanten Entscheidern, kritischen Projektteammitgliedern etc.)

» Erstellung des Designs für den Projektstart-Workshop

Schritt 2: Durchführung des Projektstart-Workshops

Die Durchführung des Projektstart-Workshops erfolgt im Projektteam, ev. ist auch der Projekt-auftraggeber mit dabei. Weitere Teilnehmer können Experten, Projektleiter, die bereits bei ähnlichen Projekten Erfahrung gesammelt haben und bei der Projektplanung helfen können, sowie wichtige Lieferanten, Kooperationspartner oder auch der Kunde selbst sein.

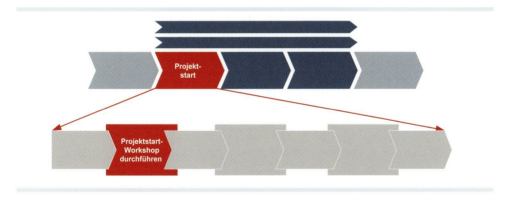

Die Auswahl der Teilnehmer ist projektspezifisch zu entscheiden. Grundsätzlich sollten alle relevanten Personen eingeladen werden, andererseits sollte man die Anzahl von zehn bis zwölf Teilnehmern nicht überschreiten, da sonst die Moderation schwierig und die Erstellung bzw. Überarbeitung der Projekt-managementpläne langwierig wird.

Ziele eines Projektstart-Workshops sind:

» Gegenseitiges Kennenlernen des Projektteams

» Die Generierung eines gemeinsamen Informationsstandes und einer gemeinsamen Sichtweise im Projekt

» Die Erstellung von Erstansätzen der PM-Planung
» Die Klärung offener Fragen
» Sowie die Planung der weiteren Vorgehensweise

Der Projektstart-Workshop kann unterschiedlich lange dauern, abhängig vom Grad der Vorbereitung, vom PM-Know-how der Teilnehmer, der Komplexität des Projekts etc. In der Regel dauern Projektstart-Workshops zwischen einem halben Tag und zwei Tagen.

Die nachfolgende beispielhafte Einladung für einen Start-Workshop zeigt einen typischen Ablauf des Projektstart-Workshops, allerdings sind auch andere Vorgehensweisen möglich.
Nachfolgend werden die gelisteten Agendapunkte detaillierter beschrieben:

Einladung Projektstart-Workshop

Projekt:	Projektleiter:
Datum / Zeit:	Teilnehmer: » » »
Ort:	»

Ziele

» Gemeinsamer Start des Projekts
» Sicherstellen eines gemeinsamen Informationsstandes (gemeinsame Sichtweise)
» Ergänzung und Adaption von Erstansätzen der Projektpläne
» Klärung der Ziele und Nutzen der verwendeten Projektmanagement (PM)-Methoden
» Klärung der Projektrollen, Vereinbarung von Arbeitsformen und „Spielregeln"
» Kennenlernen des Projektteams, Teambildung
» Vereinbarung der weiteren Vorgangsweise (WVW)

Nicht-Ziele

» Fertigstellung der PM-Planung
» Bearbeitung und Diskussion inhaltlicher Arbeitspakete

Tagesordnung Projektstart-Workshop

» Begrüßung, Einstieg, Ziele und Ablauf, Vorstellrunde
» Beschreibung und Status des Projekts durch den Projektleiter
» Projektabgrenzung und Projektkontextanalyse (zeitlich, sachlich)
» Projektorganigramm, Kommunikationsstrukturen
» Projektleistungsplanung (Ergebnisplan / Betrachtungsobjekte, Projektstrukturplan)
» Definition von Arbeitspaketverantwortlichen, Definition notwendiger AP-Spezifikationen
» Terminplanung (Meilensteinplan, Grobbalkenplan)
» Projektumweltanalyse
» Diskussion und Organisation Ressourcen-, Kostenplanung
» Vereinbarung projektspezifischer Spielregeln
» Vereinbarung der weiteren Vorgangsweise (WVW)

Unterlagen

» Erstansatz Projektpläne, Projekthandbuch
» (Projektauftrag, Ergebnisplan / Betrachtungsobjekte, Projektstrukturplan, Meilensteinplan, Grobbalkenplan, Organigramm etc.)
» Einladung mit Agenda
» Vertrag

Beispiel einer Einladung zum Projektstart-Workshop

Nutzen Sie die beiliegende Vorlage auf der CD-ROM!

Begrüßung, Einstieg, Ziele und Ablauf, Vorstellungsrunde

» Zu Beginn des Workshops erfolgt zunächst eine Vorstellung, die Abstimmung der Ziele und des Ablaufs sowie eine Vereinbarung von Spielregeln für den Projektstart-Workshop.

» Der Ablauf wird meist auf ein Flipchart geschrieben und für alle Teilnehmer sichtbar an die Wand gehängt. Damit ermöglicht man allen Teilnehmern, den Ablauf des Workshops immer vor Augen zu haben. Der Moderator kann Punkt für Punkt der Agenda abarbeiten und auf dem Flipchart abhaken.

» Die Spielregeln (des Projektstart-Workshops) sind nicht mit den Projektspielregeln zu verwechseln, denn diese werden erst zu einem späteren Zeitpunkt diskutiert. Spielregeln könnten beispielsweise sein:

  » Wir arbeiten ohne Handys.

  » Wir starten nach den Pausen pünktlich.

  » Die Abklärung, ob alle Teilnehmer über die gesamte Workshopdauer anwesend sind.

  » Erstellung des Protokolls.

  » etc.

» Kennen sich die Teilnehmer des Workshops noch nicht, muss zunächst eine Vorstellungsrunde durchgeführt werden. Dabei können folgende Punkte relevant sein:

  » Name, Abteilung?

  » Rolle im Projekt?

  » Erwartungen an den Projektstart-Workshop?

» Kennen sich die Teilnehmer, kann eine Einstiegsrunde mit folgenden Fragen durchgeführt werden:

  » Info über das Projekt?

  » Rolle im Projekt?

  » Erwartungen an den Projektstart-Workshop?

Beschreibung und Status des Projekts durch den Projektleiter

» Hier beschreibt der Projektleiter (oder allenfalls der Projektauftraggeber, falls anwesend) nochmals kurz das Projekt und den derzeitigen Status.

» Dieser Punkt dient dem Einstieg in das Projekt und bringt die Teilnehmer auf einen gleichen Wissensstand.

Projektabgrenzung und Projektkontextanalyse (zeitlich, sachlich)

» Liegt bereits ein Projektauftrag in schriftlicher Form vor, werden die zeitliche und sachliche Abgrenzung anhand des Projektauftrags besprochen und abgestimmt.

» Liegt noch kein Projektauftrag vor, werden diese Punkte am Flipchart gemeinsam erarbeitet.

» Neben der zeitlichen und sachlichen Abgrenzung wird hier zusätzlich der dazugehörige Projektkontext betrachtet und dokumentiert.

Projektorganigramm, Kommunikationsstrukturen

» Anstatt die soziale Projektabgrenzung extra zu besprechen und danach ein Projektorganigramm zu erstellen, wird oftmals gleich das Projektorganigramm besprochen. Das Projektorganigramm wird vom Projektleiter meist schon im Vorfeld als Erstansatz erstellt und dann im Projektstart-WS diskutiert und verabschiedet.

» Ergänzt wird das Projektorganigramm um die Kommunikationsstrukturen. So erhalten die Projektteammitglieder bereits einen Überblick über die Organisation des Projekts.

Projektleistungsplanung (Ergebnisplan/Betrachtungsobjekte, Projektstrukturplan)

» Bereits vor dem Projektstart-WS ist zu klären, ob ein Ergebnisplan sinnvoll und zu erstellen ist oder nicht. In technischen Projekten wird meist ein Objektstrukturplan erstellt, in vielen anderen Projekten hat sich die Erstellung einer Mind Map als funktional erwiesen.

» Fixpunkt im Projektstart-Workshop ist der Projektstrukturplan (PSP). Dieser kann entweder vorbereitet mitgebracht oder direkt im Projektstart-WS erstellt werden.

Definition von Arbeitspaket-Verantwortlichen, Definition notwendiger AP-Spezifikationen

» Basierend auf dem Projektstrukturplan (PSP) können im nächsten Schritt die zu spezifizierenden Arbeitspakete ausgewählt werden. Die AP werden meist direkt am PSP markiert und es wird vereinbart, bis wann die zukünftigen AP-Verantwortlichen diese zu erstellen haben.

» Als Nächstes werden die AP-Verantwortlichen definiert. Dabei geht der Projektleiter alle AP des PSP durch und schreibt die Initialen der Projektteammitglieder direkt in die AP.

» Können AP, aufgrund fehlender Kompetenz im Projektteam, nicht verteilt werden, ist das Projektorganigramm nochmals zu prüfen und gegebenenfalls ein zusätzliches Projektteammitglied zu nominieren.

Terminplanung (Meilensteinplan, Grobbalkenplan)

» Nach der Leistungsplanung ist ein grober Terminplan zu erstellen oder ein schon vorbereiteter zu diskutieren.

» Da die Erstellung eines detaillierten Balkenplans auf Arbeitspaketebene im Projektstart-WS nicht möglich ist, wird üblicherweise entweder ein Meilensteinplan oder ein Grobterminplan (Phasen und Meilensteine) erstellt.

Projektumweltanalyse

» Die Projektumweltanalyse kann entweder ganz zu Beginn, im Rahmen der Projektabgrenzung und Projektkontextanalyse, oder zu diesem Zeitpunkt erstellt werden.

» Es hat sich gezeigt, dass kritische Teilnehmer eines Projektstart-WS meist Hard-Fact-orientiert sind. Daher ist es oft sinnvoller, möglichst bald die Leistungs-(PSP) und Terminplanung sowie die Definition der Zuständigkeiten zu besprechen und nicht allzu viele Soft Facts (Spielregeln, Umwelten etc.) zu Beginn zu besprechen.

» Die Projektumweltanalyse sollte im Projektstart-WS neu erstellt werden. Hier können sich die Projektteammitglieder einbringen und bekommen das Gefühl, dass Projektpläne gemeinsam erstellt werden (Projektleiter müssen sehr darauf achten, dass vorbereitete Projektpläne vom Projektteam akzeptiert und nicht als PM-Planung des Projektleiters „abgestempelt" werden).

Diskussion und Organisation Ressourcen- und Kostenplanung

» Wie bereits im Kapitel „PM-Methoden" beschrieben, wird die Ressourcen- und Kostenplanung nicht im Start-Workshop, sondern anschließend durch die AP-Verantwortlichen erstellt.

» Es muss aber im Projektstart-WS geklärt werden, wie und in welcher Detaillierung Ressourcen und Kosten geplant und die nächsten Schritte dazu definiert werden.

Vereinbarung projektspezifischer Spielregeln

» Zum Schluss des Projektstart-WS werden die projektspezifischen Spielregeln definiert.

» Dabei kann sich der Projektleiter zwar für sich (im Rahmen der Vorbereitung) wichtige Spielregeln überlegt haben, die Vereinbarung und Dokumentation sollte aber unbedingt im Projektstart-WS gemeinsam erfolgen (Akzeptanz!).

Vereinbarung der weiteren Vorgehensweise (WVW)

» Als letzter Programmpunkt werden noch offene Punkte geklärt und die weitere Vorgehensweise inklusive einer detaillierten To-Do-Liste vereinbart.

» Je nach Unternehmens- und Projektkultur kann im Anschluss noch eine Feedbackrunde stattfinden oder mit dem Dank des Projektleiters und der Verabschiedung abgeschlossen werden.

Die Vorbereitung des Projektstart-WS erfolgt durch den Projektleiter. Eventuell bekommt er zusätzliche Unterstützung durch ein etwaiges Projektbüro (projektbezogene Projektassistenz), einen Sekretär oder aus dem Projektteam.

Die Moderation des Projektstart-WS wird entweder durch einen Moderator oder den Projektleiter durchgeführt. Falls ein Moderator zur Verfügung steht, muss die Vorbereitung des Projektstart-WS unbedingt gemeinsam erfolgen. Für die Nominierung eines Moderators entscheidet man sich erfahrungsgemäß häufig bei besonders großen und komplexen Projekten. Der Vorteil liegt darin, dass der Projektleiter sich im Projektstart-WS ganz auf die Erstellung bzw. Optimierung der Projektmanagementpläne konzentrieren kann und der Moderator die Leitung des Workshops übernimmt.

Steht kein Moderator zur Verfügung, wird der Projektleiter die Moderation selbst übernehmen. Das bedeutet für den Projektleiter eine Dreifachbelastung: Neben den Inhalten muss sich der Projektleiter um das Projektmanagement und zusätzlich noch um die Moderation des Workshops kümmern. Zur Vereinfachung dieser Mehrfachaufgaben sollte sich der Projektleiter gut vorbereiten und alle möglichen Moderationshilfen in Anspruch nehmen. Dazu dient insbesondere das bereits oben vorgestellte „Design" für den Projektstart-Workshop.

<table>
<tr><td colspan="3" align="center">**Design**
Projektstart-Workshop</td></tr>
<tr><td colspan="2">Projekt:</td><td>Projektleiter:</td></tr>
<tr><td rowspan="2">Datum / Zeit:</td><td colspan="2">Teilnehmer:
»
»
»
»</td></tr>
<tr><td>Ort:</td></tr>
</table>

Agenda	Verantwortlich	Dauer
1. Begrüßung, Einstieg, Ziele und Ablauf, Vorstellrunde	PC, PL	08:00-08:25
2. Status Projekt	PL	08:25-08:50
3. Ergänzung Projektabgrenzung, Projektkontextanalyse	PC, PL	08:50-09:40
4. Überarbeitung Projektorganigramm, Kommunikationsstrukturen	PC, PL	09:40-10:10
5. Pause		10:10-10:30
6. Ergebnisplan / Betrachtungsobjekte	PC	10:30-10:50
7. Überarbeitung Projektstrukturplan (PSP)	PC	10:50-11:50
8. AP-Verantwortliche, AP-Spezifikationen	PC	11:50-12:15
9. Mittag		12:15-13:15
10. Überarbeitung Grobterminplanung	PC	13:15-14:00
11. Projektumweltanalyse (PUA)	PC	14:00-14:40
12. Pause		14:40-15:00
13. Diskussion und Organisation Ressourcen-, Kostenplanung	PC	15:00-15:30
14. Spielregeln	PC	15:30-15:50
15. Planung WVW, Abschluss	PC	15:50-16:10

Weitere Informationen
»
»
»

PL.....Projektleiter
PC.....Projektcoach

Beispiel eines Designs für einen Projektstart-Workshop

 Nutzen Sie die beiliegende Vorlage auf der CD-ROM!

Das beispielhaft angeführte Design hilft dem Moderator (Projektleiter) bei der Moderation des Workshops. Es bildet die jeweilige Dauer einzelner Agendapunkte ab und zeigt dem Moderator zu jeder Zeit des Workshops, ob er im Plan ist oder nicht. Somit kann er die Diskussionsprozesse steuern, ohne den Endtermin des Projektstart-WS zu gefährden.

Es sollte immer genügend Zeit für die Erarbeitung bzw. Optimierung der PM-Pläne eingeplant und der Gesamtzeitrahmen eines Projektstart-Workshops deshalb nicht zu eng bemessen werden.

Schritt 3: Erstellung des Erstansatzes der Projektplanung

Nach der Durchführung des Projektstart-Workshops sind die bereits vorhandenen Projektpläne zu aktualisieren, neu erarbeitete Projektpläne zu dokumentieren und schließlich alle Projektpläne in das Projekthandbuch zu integrieren. Die Dokumentation der Projektpläne durch den Projektleiter, als Ergebnis des Projektstart-WS, sollte möglichst rasch erfolgen, da diese Projektpläne die Basis für weitere Planungsarbeiten (Arbeitspaket-Spezifikationen, Ressourcen- und Kostenplanung etc.) bilden.

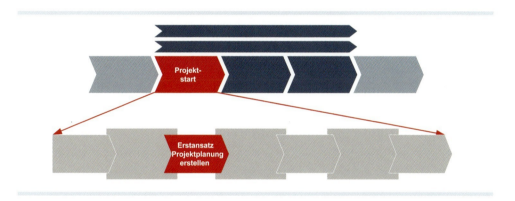

Zusätzlich ist ein WS-Protokoll zu erstellen, das die wesentlichen Diskussions- und Entscheidungspunkte sowie die weitere Vorgehensweise (To-Do-Liste) festhält.

 Nutzen Sie die beiliegende Vorlage auf der CD-ROM!

Es ist darauf zu achten, dass alle To-Dos im Projektstart-WS vereinbart, mit Zuständigkeiten versehen und terminisiert werden. Die Durchführung des Follow-Up-WS macht erst nach Erledigung der To-Dos Sinn. Üblicherweise werden für die Abarbeitung der To-Dos zwei Wochen veranschlagt.

Neben der Erstellung der Detailplanung hat der Projektleiter die Einladung, die Agenda sowie ein Design für den Follow-Up-Workshop zu erstellen und die Einladung mit Agenda an die Teilnehmer zu verschicken.

Nachfolgend ist der Prozess der Erstellung eines Erstansatzes der Projektplanung nochmals grafisch darge-stellt:

Erklärungen zum Prozess:

» Die Projektteammitglieder können ihre Detailpläne erst erstellen, wenn der Projektleiter das Protokoll und die erstellten PM-Pläne in Form eines Erstansatzes des Projekthandbuches ausge-schickt hat. Daher wäre es wichtig, dass der Projektleiter sich gleich am nächsten Tag nach dem Projektstart-WS auf diese beiden Punkte konzentriert.

» Danach können die AP-Verantwortlichen sowie der Projektleiter selbst die notwendigen Detailpläne erstellen (Arbeitspaket-Spezifikationen, Ressourcen- und Kostenplanung pro AP, Detailbalkenplan etc.).

» Sind diese Detailpläne fertig, werden sie an den Projektleiter geschickt und dieser erstellt daraus die nächste Version des Projekthandbuches (PHB).

» Die Version 2 des PHB wird an das Projektteam verteilt und jeder kann sich, noch vor dem Follow-Up-WS, die aktuellen Projektpläne durchlesen und notwendige Korrekturen vorbereiten.

Schritt 4: Durchführung des Projekt-Follow-Up-Workshops

Die Durchführung des Projekt-Follow-Up-Workshops erfolgt wiederum im Projektteam.

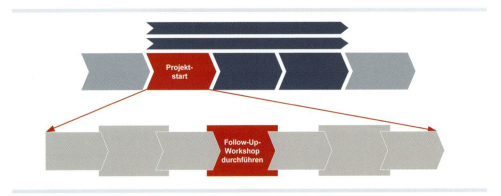

Ziele des Projekt-Follow-Up-Workshop sind einerseits die Verabschiedung oder gegebenenfalls die noch-malige Optimierung der bereits im Projektstart-WS erstellten PM-Pläne. Andererseits dient dieser Workshop zur Diskussion und Fertigstellung der nach dem Projektstart-WS erstellten PM-Pläne sowie der Erstellung zusätzlich notwendiger PM-Pläne.

Der Projekt-Follow-Up-Workshop wird meist in Form eines halb- bis ganztägigen WS durchgeführt.

Falls seit dem Projektstart-WS schon mit der Abarbeitung der ersten Arbeitspakete begonnen wurde, kann neben der Fertigstellung der PM-Pläne auch schon ein erstes Controlling durchgeführt werden.

Die nachfolgende beispielhafte Einladung für einen Follow-Up-Workshop zeigt einen typischen Ablauf des Follow-Up-Workshops, es sind allerdings auch andere Vorgehensweisen möglich.

Einladung Projekt-Follow-Up-Workshop	
Projekt:	Projektleiter:
Datum / Zeit:	Teilnehmer: » »
Ort:	» »

Ziele

» Diskussion und Verabschiedung vorhandener Projektpläne
» Erstellung ergänzender Projektpläne
» Planung des Projektcontrollings
» Vereinbarung der weiteren Vorgangsweise (WVW)

Nicht-Ziele

» Projektcontrolling
» Bearbeitung inhaltlicher Arbeitspakete

Tagesordnung

» Einstieg, Ziele, Ablauf
» Blitzlicht
» Diskussion Projektauftrag, Projektorganigramm und Projektkommunikationsstrukturen
» Präsentation und Verabschiedung PSP, Diskussion Zuständigkeiten und AP-Spezifikationen
» Präsentation und Optimierung Detailterminplan
» Erstellung Projektumweltanalyse
» Diskussion Risikoanalyse
» Planung des Projektcontrolling
» Vorbereitung Projektauftraggeber-Meeting
» Vereinbarung der weiteren Vorgangsweise (WVW)

Unterlagen

» Projekthandbuch, ausgewählte Projektpläne
» Einladung mit Agenda

Beispiel einer Einladung eines Projekt-Follow-Up-Workshops

Im Anschluss sollen diese einzelnen Agendapunkte detaillierter beschrieben werden:

Begrüßung, Einstieg, Ziele und Ablauf

» Zu Beginn des Follow-Up-Workshops erfolgt zunächst eine Vorstellung und Abstimmung der Ziele und des Ablaufs sowie eine Vereinbarung von Spielregeln für den Projekt-Follow-Up-Workshop.

Blitzlicht

» Noch vor dem inhaltlichen Einstieg in die Diskussion und Optimierung der Projektpläne sollte ein kurzes Blitzlicht durchgeführt werden (siehe Beschreibung im Kapitel „PM-Methoden").

» Ziel des Blitzlichts ist es, einen Status über den Stand der PM-Planung und über die Stimmung der Projektteammitglieder zu bekommen, damit der Projektleiter gegebenenfalls auf „Unstimmigkeiten" bzw. Probleme der Projektteammitglieder rechtzeitig reagieren kann.

Diskussion Projektauftrag, Projektorganigramm und Projektkommunikationsstrukturen

» Abschließende Klärung von Unklarheiten oder Optimierung bezüglich obiger PM-Pläne.

Präsentation und Verabschiedung des PSP, Diskussion der Zuständigkeiten und AP-Spezifikationen

» Abschließende Klärung von Unklarheiten oder Optimierung bezüglich obiger PM-Pläne.

» Sehr oft ergibt sich aus den AP-Spezifikationen nochmals ein Optimierungsbedarf für den Projektstrukturplan (PSP), da im Projektstart-WS häufg AP vergessen, Schnittstellen zwischen AP ungenau beleuchtet wurden etc. So kann es zur Ergänzung von AP oder Zusammenlegung von AP kommen, ev. sogar zur Umstrukturierung einer Projektphase, wenn sich herausstellt, dass die gewählte Vorgehensweise im PSP nicht zielführend ist.

» Falls es sinnvoll erscheint und an Arbeitspaketen gearbeitet wird, kann bereits ein erstes Leistungscontrolling erfolgen.

Präsentation und Optimierung des Detailterminplans

» Der im Projektstart-WS erstellte Grobterminplan wurde in der Zwischenzeit vom Projektleiter, teilweise in Abstimmung mit den AP-Verantwortlichen, in einen Detailbalkenplan auf Arbeitspaketebene überführt.

» Dieser Detailbalkenplan ist nochmals zu diskutieren und im Anschluss zu verabschieden.

Diskussion der Risikoanalyse

» Die Risikoanalyse baut auf allen anderen PM-Methoden auf und wird deshalb als letzte PM-Planungsmethode erstellt.

》 Die Risikoanalyse kann entweder im Follow-Up-WS gemeinsam erstellt werden oder der Projektleiter bereitet einen Erstansatz vor, präsentiert diesen und stellt die Risikoanalyse dann gemeinsam mit dem Projektteam fertig.

Planung des Projektcontrollings

》 Neben der Erstellung der Projektplanung ist ein weiteres Ziel des Projektstartprozesses die Definition und Planung des Projektcontrollings.

》 Dabei sind folgende Punkte zu definieren:

   》 Häufigkeit des Projektcontrollings (Controlling-Zyklus)

   》 Betrachtungsobjekte des Projektcontrollings (Ziele, Leistungen, Termine, Ressourcen, Kosten, Organisation und Kontext)

   》 Detaillierung des Projektcontrollings (siehe Abschnitt „Projektstartprozess")

   》 Vorbereitung Projektcontrolling (was ist für den Projektcontrolling-WS von wem vorzubereiten, z. B. Ressourcen- und Kosten-Ist-Erfassung, siehe Kapitel „Projektcontrolling")

》 Diese Punkte sind vom Projektleiter vorzubereiten und im Follow-Up-WS zu diskutieren und zu vereinbaren.

Vorbereitung Projektauftraggebermeeting

》 Findet eine konstituierende Projektauftraggebersitzung statt, sollte der Projektleiter die Agendapunkte und notwendige Diskussions- und Entscheidungspunkte gemeinsam mit dem Projektteam abstimmen.

Vereinbarung der weiteren Vorgehensweise (WVW)

》 Als letzter Programmpunkt werden wieder offene Punkte geklärt und die weitere Vorgehensweise inkl. einer detaillierten To-Do-Liste vereinbart.

》 Je nach Unternehmens- und Projektkultur kann im Anschluss noch eine Feedbackrunde stattfinden oder mit dem Dank des Projektleiters und der Verabschiedung abgeschlossen werden.

Auch für den Projekt-Follow-Up-Workshop sollte, wie für den Projektstart-Workshop, ein Design erstellt werden.

Schritt 5: Fertigstellung der Projektplanung

Nach der Durchführung des Projekt-Follow-Up-Workshops ist die Projektplanung endgültig fertig zu stellen, in das Projekthandbuch zu integrieren und nochmals an das Projektteam auszusenden.

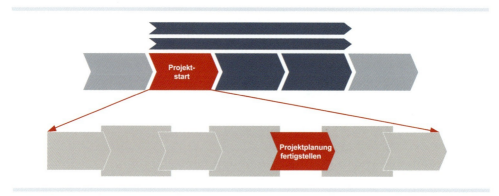

Weiters ist, wie nach dem Projekt-Follow-Up-WS, ein Protokoll zu erstellen. Ist die PM-Planung abgeschlossen, sollte eine konstituierende Projektauftraggebersitzung (oder, falls es im Projekt einen Projektlenkungsausschuss gibt, eine Projektlenkungsausschusssitzung) organisiert werden. Dies umfasst die Abstimmung eines Termins mit dem Projektauftraggeber, die Erstellung und Versendung einer Einladung sowie die Vorbereitung der notwendigen PM-Pläne. Es hat sich bewährt, dem Projektauftraggeber schon im Vorfeld das fertige Projekthandbuch für seine Vorbereitung zuzusenden, damit sich der Projektauftraggeber auf die Sitzung vorbereiten kann und er die PM-Pläne im Meeting nicht das erste Mal zu Gesicht bekommt.

Schritt 6: Durchführung der Projektauftraggebersitzung

Die Durchführung der konstituierenden Projektauftraggebersitzung erfolgt meist nur zwischen dem Projektauftraggeber und dem Projektleiter. Eine Alternative wäre es, die Auftraggebersitzung gleich im Anschluss an den Follow-Up-WS durchzuführen und das Projektteam (ganz oder teilweise) mit einzubinden.

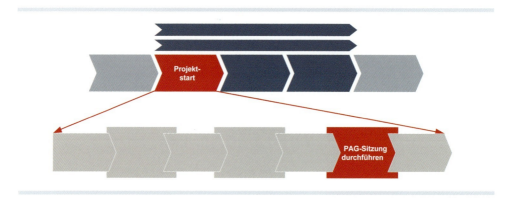

Ziele der konstituierenden Projektauftraggebersitzung sind die Präsentation und Diskussion der im Projektteam erstellten Projektplanung. Falls der Projektauftrag bis dahin noch nicht unterschrieben wurde, sollte dieser spätestens zu diesem Zeitpunkt von Projektauftraggeber und Projektleiter unterschrieben werden. Weiters sollten anstehende Fragen oder Entscheidungen sowie das Projektcontrolling und die weiteren Projektauftraggebersitzungen besprochen werden.

Falls Projektleiter und Projektauftraggeber zum ersten Mal zusammenarbeiten, sollte eine Rollenklärung (also eine Darstellung der gegenseitigen Erwartungshaltungen) erfolgen.

Hier ein Beispiel für eine Einladung zur konstituierenden Projektauftraggebersitzung:

Einladung zur Projektauftraggebersitzung

Im Anschluss sollen diese einzelnen Agendapunkte detaillierter beschrieben werden:

Einstieg, Ziele und Ablauf

» Zu Beginn der Projektauftraggebersitzung erfolgt zunächst eine Vorstellung und Abstimmung der Ziele und des Ablaufs.

Blitzlicht

» Noch vor dem inhaltlichen Einstieg in die Diskussion der vorliegenden Projektpläne sollte ein kurzes Blitzlicht durchgeführt werden (siehe Beschreibung im Kapitel „PM-Methoden").

Vorstellung ausgewählter Projektmanagementpläne und des Projekthandbuches

» Es wird sicher nicht zielführend sein, alle Detailpläne mit dem Projektauftraggeber durchzusprechen. Ziel ist es aber, basierend auf dem gemeinsam vereinbarten Projektauftrag, die wesentlichen im Projektteam erstellten PM-Pläne durchzugehen.

» Projektorganigramm und Kommunikation zur Abstimmung der Projektorganisation.

» Projektstrukturplan zur Abstimmung der Phasen und Arbeitspakete (aufbauend auf den gemeinsam vereinbarten Projektzielen) und damit der Vorgehensweise im Projekt.

» Terminplan zur Abstimmung des zeitlichen Ablaufs, insbesonders der Meilensteine im Projekt.

» Ressourcen- und Kostenplanung: Stimmt die Detailplanung mit den Vorgaben im Projektauftrag überein, können wirklich die notwendigen Ressourcen zur geplanten Zeit verfügbar gemacht werden etc.

» Risikoanalyse: Abstimmung der wesentlichen Risiken im Projekt und Abstimmung über die geplanten Präventivmaßnahmen zur Risikovermeidung bzw. -reduktion.

Klärung offener Fragen und Entscheidungen

» Haben sich im Laufe der Projektmanagementplanung Fragen oder anstehende Entscheidungen ergeben, die nicht im Projektteam geklärt bzw. entschieden werden konnten, werden diese hier mit dem Projektauftraggeber besprochen und geklärt.

Ausblick, weitere Vorgehensweise

» Abstimmung der nächsten Schritte im Projekt und Vereinbarung des nächsten Meetings.

Schritt 7: Projektstartprozess abschließen

Falls sich im Zuge der Projektauftraggebersitzung nochmals Änderungen in der PM-Planung ergeben haben, müssen die PM-Pläne korrigiert und das aktualisierte Projekthandbuch an das Projektteam und den Projektauftraggeber verteilt werden.

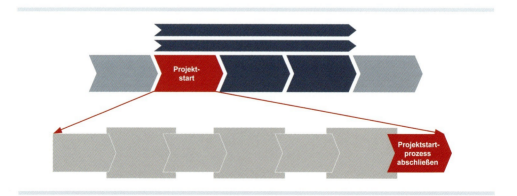

Außerdem ist ein Protokoll der Projektauftraggebersitzung zu erstellen. Mit der erfolgreichen Durchführung der Projektauftraggebersitzung und der endgültigen Fertigstellung der PM-Planung und damit des Projekthandbuches ist der Projektstartprozess abgeschlossen.

Ergebnisse des Projektstartprozesses

» Unterschriebener (endgültiger) Projektauftrag (falls dieser nicht bereits in der Projektbeauf-tragung unterschrieben wurde).
» Alle nötigen Projektmanagementpläne sind im Projektteam erstellt, mit dem Projektauftraggeber abgestimmt und in Form eines Projekthandbuches „sauber" dokumentiert.
» Es gibt einen gemeinsamen Informationsstand im Projektteam und eine gemeinsame Sichtweise über die Durchführung des Projekts.
» Die Teambildung hat stattgefunden bzw. wurde gestartet, das heißt, die Projektteammitglieder haben sich kennen gelernt und es wurden Spielregeln zur Zusammenarbeit festgelegt.
» Die ersten Projektmarketingaktivitäten sind erfolgt und das Projekt ist den relevanten Projekt-umwelten bekannt (siehe Kapitel „Projektmarketing").

Projektstartprozess bei Kleinprojekten

In Kleinprojekten sind, aufgrund der geringeren Komplexität, weniger PM-Pläne zu erstellen (vgl. PM-Methodenliste). Deshalb kommt der Projektleiter meist mit „nur" einem Projektstart-Workshop aus.

Meist erstellt der Projektleiter bereits vor dem Projektstart-Workshop einen Erstansatz der PM-Pläne. Diese werden dann im Projektstart-Workshop vorgestellt, diskutiert und gemeinsam mit den Projektteammitgliedern optimiert. Nach dem Projektstart-Workshop stellt der Projektleiter die PM-Pläne und somit das Projekthandbuch fertig und verteilt es anschließend an das Projektteam sowie an den Projektauftraggeber.

Ergeben sich in Folge noch Fragen oder Optimierungsbedarf, werden diese meist im Rahmen des ersten Projektcontrollingprozesses mitbehandelt. Somit kommt der Projektleiter in Kleinprojekten meist ohne Projekt-Follow-Up-Workshop und auch häufig ohne konstituierende Projektauftraggebersitzung aus.

Zusammenfassender Überblick über den Projektstartprozess

Zum besseren Gesamtüberblick wird am Ende dieses Kapitels der Projektstartprozess zusammenfassend dargestellt:

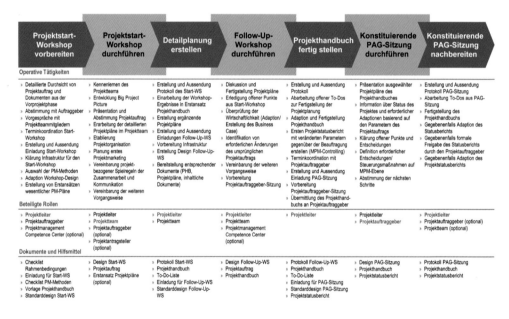

Projektstart-Workshop vorbereiten	Projektstart-Workshop durchführen	Detailplanung erstellen	Follow-Up-Workshop durchführen	Projekthandbuch fertig stellen	Konstituierende PAG-Sitzung durchführen	Konstituierende PAG-Sitzung nachbereiten
Operative Tätigkeiten						
» Detaillierte Durchsicht von Projektauftrag und Dokumenten aus der Vorprojektphase » Abstimmung mit Auftraggeber » Vorgespräche mit Projektteammitgliedern » Terminkoordination Start-Workshop » Erstellung und Aussendung Einladung Start-Workshop » Klärung Infrastruktur für den Start-Workshop » Auswahl der PM-Methoden » Adaption Workshop-Design » Erstellung von Erstansätzen wesentlicher PM-Pläne	» Kennenlernen des Projektteams » Entwicklung Big Project Picture » Präsentation und Abstimmung Projektauftrag » Erarbeitung der detaillierten Projektpläne im Projektteam » Etablierung Projektorganisation » Planung erstes Projektmarketing » Vereinbarung projektbezogener Spielregeln der Zusammenarbeit und Kommunikation » Vereinbarung der weiteren Vorgangsweise	» Erstellung und Aussendung Protokoll des Start-WS » Einarbeitung der Workshop-Ergebnisse in Erstansatz Projekthandbuch » Erstellung ergänzende Projektpläne » Erstellung und Aussendung Einladungen Follow-Up-WS » Vorbereitung Infrastruktur » Erstellung Design Follow-Up-WS » Bereitstellung entsprechender Dokumente (PHB, Projektpläne, inhaltliche Dokumente)	» Diskussion und Fertigstellung Projektpläne » Erledigung offener Punkte aus Start-Workshop » Überprüfung der Wirtschaftlichkeit (Adaption/Erstellung des Business Case) » Identifikation von erforderlichen Änderungen des ursprünglichen Projektauftrags » Vereinbarung der weiteren Vorgangsweise » Vorbereitung Projektauftraggeber-Sitzung	» Erstellung und Aussendung Protokoll » Abarbeitung offener To-Dos zur Fertigstellung der Projektplanung » Adaption und Fertigstellung Projekthandbuch » Ersten Projektstatusbericht mit veränderten Parametern gegenüber der Beauftragung erstellen (MPM-Controlling) » Terminkoordination mit Projektauftraggeber » Erstellung und Aussendung Einladung PAG-Sitzung » Vorbereitung Projektauftraggeber-Sitzung » Übermittlung des Projekthandbuchs an Projektauftraggeber	» Präsentation ausgewählter Projektpläne des Projekthandbuches » Information über Status des Projektes und erforderlicher Adaptionen basierend auf den Parametern des Projektauftrags » Klärung offener Punkte und Entscheidungen » Definition erforderlicher Entscheidungen/Steuerungsmaßnahmen auf MPM-Ebene » Abstimmung der nächsten Schritte	» Erstellung und Aussendung Protokoll PAG-Sitzung » Abarbeitung To-Dos aus PAG-Sitzung » Fertigstellung des Projekthandbuchs » Gegebenenfalls Adaption des Statusberichts » Gegebenenfalls formale Freigabe des Statusberichts durch den Projektauftraggeber » Gegebenenfalls Adaption des Projektstatusberichts
Beteiligte Rollen						
» Projektleiter » Projektauftraggeber » Projektmanagement Competence Center (optional)	» Projektleiter » Projektteam » Projektauftraggeber (optional) » Projektantragsteller (optional)	» Projektleiter » Projektteam	» Projektleiter » Projektteam » Projektmanagement Competence Center (optional)	» Projektleiter	» Projektleiter » Projektauftraggeber	» Projektleiter » Projektauftraggeber (optional) » Projektteam (optional)
Dokumente und Hilfsmittel						
» Checklist Rahmenbedingungen » Einladung für Start-WS » Checklist PM-Methoden » Vorlage Projekthandbuch » Standarddesign Start-WS	» Design Start-WS » Projektauftrag » Erstansatz Projektpläne (optional)	» Protokoll Start-WS » Projekthandbuch » To-Do-Liste » Einladung für Follow-Up-WS » Standarddesign Follow-Up-WS	» Design Follow-Up-WS » Projektauftrag » Projekthandbuch	» Protokoll Follow-Up-WS » Projekthandbuch » To-Do-Liste » Einladung für PAG-Sitzung » Standarddesign PAG-Sitzung » Projektstatusbericht	» Design PAG-Sitzung » Projekthandbuch » Projektstatusbericht	» Protokoll PAG-Sitzung » Projekthandbuch » Projektstatusbericht

Darstellung Projektstartprozess

Nutzen Sie die beiliegende Vorlage auf der CD-ROM!

⚠ Tipps und Tricks im Projektstart

» Falls vorhanden, verwenden Sie Standard-Hilfsmittel, wie Einladungen, Protokolle, Designs etc.!

» So, wie der erste Workshop läuft, läuft auch das weitere Projekt; also bereiten Sie Ihren Start-Workshop gut vor!

» Vergewissern Sie sich, dass alle Teilnehmer der Workshops auch wirklich anwesend sind. Sie können keine gute und vollständige PM-Planung mit dem halben Projektteam erstellen!

» Versuchen Sie, insbesondere den Projektstart-Workshop unternehmensextern durchzuführen. So stellen Sie sicher, dass Sie in Ruhe an der Projektplanung arbeiten können und nicht durch Kollegen, Sekretärinnen oder Vorgesetzte gestört werden. Die Investition lohnt sich!

» Machen Sie regelmäßig Pausen. Insbesondere für Mitarbeiter mit wenig Projektmanagement-Know-how ist ein Start-Workshop keine leichte Übung!

» Stellen Sie sicher, dass Sie zum Ende des Startprozesses eine schlüssige und abgestimmte PM-Planung erstellt haben!

» Alles, was Sie im Projektstart vergessen, müssen Sie im Projektverlauf wesentlich aufwändiger nachholen!

» Nutzen Sie bei komplexen Projekten die professionelle Unterstützung eines Moderators!

Projektcontrollingprozess

Der Projektcontrollingprozess ist ein repetitiver (zyklischer) PM-Prozess. Die Häufigkeit richtet sich nach den Bedürfnissen des Projekts (meist alle vier bis sechs Wochen) und ist ein Grenzgang zwischen „nicht zu häufig", um die Projektressourcen nicht übermäßig zu beanspruchen, und nicht zu selten, um rechtzeitig auf Abweichungen reagieren zu können. Die Häufigkeit des Projektcontrollings wird im Projektstartprozess definiert und findet sich in den Projektkommunikationsstrukturen wieder.

Wesentliche Erfolgsfaktoren des Projektcontrollings sind:
>> Die Durchführung im Projektteam
>> Hard Facts (Ziele, Leistungen, Termine, Ressourcen und Kosten) und Soft Facts (Projekt-
   organisation und Projektkultur sowie Projektkontext, also Projektumwelten und andere Projekte)

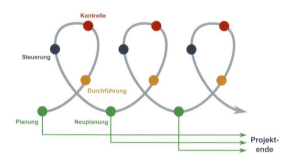

Darstellung des Projektcontrollingprozesses als zyklischer Prozess

Auch das Projektcontrolling durchläuft den bekannten Controllingzyklus:
>> Erfassung des Iststandes
>> Vergleich des Iststandes mit den Planwerten und Identifikation von Abweichungen
>> Planung von steuernden Maßnahmen
>> Aktualisierung der PM-Pläne und des Projekthandbuches

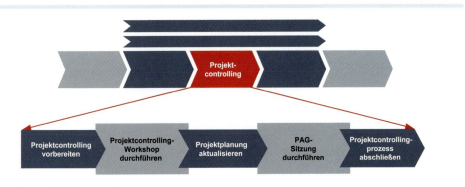

Darstellung Projektcontrollingprozess

Der Projektcontrollingprozess enthält folgende wesentliche Prozessschritte:

1. Projektcontrolling vorbereiten, indem sowohl der Projektcontrolling-Workshop als auch ausgewählte PM-Pläne vorbereitet werden.

2. Durchführung eines Projektcontrolling-Workshops zur operativen Durchführung eines gemeinsamen Projektcontrollings im Projektteam.

3. Aktualisierung der Projektplanung, was sowohl die Überarbeitung des Projekthandbuches als auch die Erstellung eines Projektfortschrittsberichts beinhaltet.

4. Durchführung einer Projektauftraggebersitzung zur Information des PAG über den Status im Projekt sowie zur Klärung offener Punkte und anstehender Entscheidungen.

5. Abschluss des Projektcontrollingprozesses zur Finalisierung der PM-Planung und zur Durchführung notwendiger steuernder Handlungen.

Wesentlich im Projektcontrolling ist, das Controlling nicht als alleinige Aufgabe des Projektleiters, sondern auch als Aufgabe des Projektteams sowie des Projektauftraggebers anzusehen. Daraus resultiert, dass Projektcontrolling nur im Rahmen eines gemeinsamen Projektcontrolling-Workshops durchgeführt werden kann und sich nicht auf die Aktualisierung eines MS-Project-Files durch den Projektleiter beschränkt. Dadurch kann sichergestellt werden, dass ein gemeinsames Projektcontrolling wieder zu einer gemeinsamen Sicht über den Status im Projekt sowie über den Bedarf von notwendigen steuernden Handlungen führt.

Anleitung
Schritt 1: Projektcontrolling vorbereiten

Die Vorbereitung des Projektcontrollings erfolgt verantwortlich durch den Projektleiter.

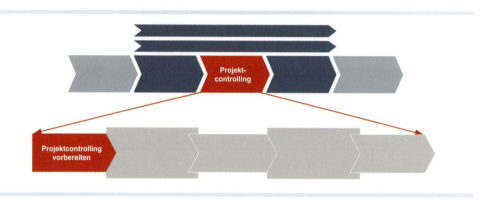

Folgende Punkte sind in der Vorbereitung zu beachten:

» Festlegung Termin, Ort, Dauer des Projektcontrolling-Workshops (wobei meist eine fixe Dauer für den Projektcontrolling-WS vereinbart wird).

» Anpassung der Einladung/Agenda für den Projektcontrolling-WS und Versand an die Teilnehmer.

» Vorbereitung der Räumlichkeiten, Vorbereitung der notwendigen Medien (Beamer, Flipchart, Overhead, Pinwände etc.).

» Auswahl der anstehenden Diskussionspunkte (siehe Detailbeschreibung der Agendapunkte im Projektcontrolling-WS Schritt 2).

» Ev. Durchführung von Vorgesprächen (mit relevanten Entscheidern, kritischen Projektteammitgliedern etc.).

» Einholung relevanter Controllingdaten im Vorfeld.

Grundsätzlich ist im Projektcontrolling zu entscheiden, ob die Ist-Erfassung im oder vor dem Projektcontrolling-WS erfolgt. Jedenfalls ist die Projektcontrolling-Tiefe (Detaillierung des Projektcontrollings) zu definieren (siehe auch Projektstartprozess).

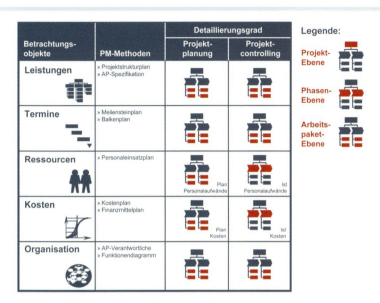

Beispiel der Projektplanungs- und Projektcontrolling-Tiefe

Schritt 2: Durchführung Projektcontrolling-Workshop

Die Durchführung des Projektcontrolling-Workshops erfolgt im Projektteam.

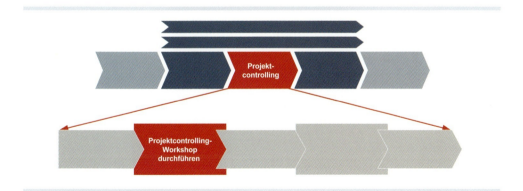

Ziele eines Projektcontrolling-Workshops sind:

» Erhebung des Projektstatus und Aktualisierung der Projektpläne

» Identifikation aktueller Probleme im Projekt

» Planung von steuernden Handlungen

» Planung der weiteren Vorgehensweise

Der Projektcontrolling-Workshop dauert meist zwischen zwei und vier Stunden, abhängig von der Komplexität des Projekts und den anstehenden Diskussionspunkten und Problemen im Projekt.

Die nachfolgende beispielhafte Einladung für einen Projektcontrolling-Workshop zeigt einen typischen Ablauf, allerdings sind auch andere Vorgehensweisen möglich. Nachfolgend werden diese einzelnen Agendapunkte detaillierter beschrieben.

Einladung Projektcontrolling-Workshop	
Projekt:	Projektleiter:
Datum / Zeit:	Teilnehmer: » »
Ort:	» »

Ziele

» Erhebung Projektstatus, Aktualisierung der Projektpläne
» Identifikation aktueller Probleme im Projekt
» Planung von steuernden Handlungen
» Vereinbarung der weiteren Vorgangsweise (WWW)

Tagesordnung

» Begrüßung, Einstieg, Ziele und Ablauf, Vorstellrunde
» Einstieg, Ziele, Ablauf
» Blitzlicht
» Besprechung Protokoll und WWW *Projekt-Follow-Up-WS (Projektstart-WS) xx.xx.xx*
» Besprechung Status Leistungen und Termine
» Besprechung Status Ressourcen, Kosten, Risiko
» Besprechung Status Projektumwelten, Zusammenhang mit anderen Projekten
» Besprechung interne Organisation, Zusammenarbeit
» Diskussion aktueller Probleme im Projekt und Entwicklung von Erstansätzen zur Problemlösung
» Ausblick weitere Projektdurchführung
» Vereinbarung der weiteren Vorgangsweise (WWW)

Unterlagen

» Projekthandbuch, insbesondere Projektstrukturplan, Meilensteinplan, Detailterminplan, Projektumweltanalyse,
» Einladung mit Agenda
» Protokoll *Projektfollow-Up-WS xx.xx.xx*

Einladung zu einem Projektcontrolling-Workshop

 Nutzen Sie die beiliegende Vorlage auf der CD-ROM!

Begrüßung, Einstieg, Ziele und Ablauf

» Wie bei jedem Workshop wird zu Beginn die Agenda abgestimmt.

Blitzlicht

» Bevor mit dem eigentlichen Projektcontrolling begonnen wird, hat sich ein Blitzlicht in den Projektcontrolling-Workshops sehr gut bewährt.

» Das Blitzlicht ist im Kapitel „PM-Methoden" beschrieben.

» Folgende Fragen könnten für das Blitzlicht im Projektcontrolling-Workshop herangezogen werden:

   » Wie geht's im Projekt?

   » Was ist seit dem letzten Workshop passiert?

   » Was funktioniert (Highlights), was nicht (Problembereiche)?

   » Diskussionspunkte für heute?

» Diese Fragen werden vor dem Projektcontrolling-WS auf ein Flipchart geschrieben und die anstehenden Diskussionspunkte gesammelt.

» Nach Durchführung des Blitzlichts hat der Projektleiter einen Überblick über die Stimmung im Projektteam und die zu diskutierenden Punkte und kann darauf situativ reagieren.

Beispiel eines Blitzlichts

Besprechung Protokoll und weitere Vorgehensweise des letzten Workshops

>> Hier wird die im letzten Workshop vereinbarte weitere Vorgehensweise (To-Do-Liste) bespro-
chen und controlled.

>> Damit ist nicht gemeint, dass das gesamte Protokoll nochmals besprochen, geschweige denn ver-
abschiedet wird, sondern es werden ausschließlich die vereinbarten To-Dos controlled.

>> Das Controlling der To-Dos ist sehr wichtig, damit die Teammitglieder wissen, dass alle vereinbar-
ten To-Dos beim nächsten Workshop eingefordert werden und die Verantwortlichen sich rechtfer-
tigen müssen, falls ein vereinbarter Punkt nicht erledigt wurde (werden die To-Dos nicht controlled, werden die Teammitglieder keinen Druck verspüren, die vereinbarten Aufgaben zu erledigen).

Besprechung Status Leistungen und Termine

>> Der Status der Leistungen wird anhand des Projektstrukturplans besprochen. Dabei werden alle
relevanten Arbeitspakete vom Projektleiter besprochen und die jeweiligen AP-Verantwortlichen
stellen den Status im AP dar, informieren über eventuelle Probleme bzw. stellen anstehende
Fragen zur Diskussion. Im Rahmen des Leistungscontrollings wird auch die Qualität der Arbeitspakete controlled. Der Projektleiter dokumentiert den Status.

>> Das Termincontrolling erfolgt im Balkenplan oder Meilensteinplan, meist direkt im Terminplanungs-
Tool. Auch hier geht der Projektleiter die Arbeitspakete einzeln durch, die Termine werden pro
AP controlled und, falls notwendig, aktualisiert. In kleinen Projekten wird der Terminstatus häufig
gemeinsam mit dem Leistungsstatus im PSP erfasst und dokumentiert.

Besprechung Status Ressourcen, Kosten, Risiko

>> Abhängig von der Detaillierung des Ressourcen- und Kostenmanagements wird die Vorgehens-
weise unterschiedlich gewählt.

>> Üblicherweise werden Ist-Stunden (Ist-Kosten) sowie falls geplant, Reststunden (Restkosten) vor
dem Projektcontrolling-WS erfasst und den Planstunden (Plan-Kosten) gegenübergestellt.

>> Somit bleibt im Projektcontrolling-WS Zeit für die Interpretation des Soll-Ist-Vergleichs und,
wenn notwendig, für die Planung steuernder Handlungen.

>> In diesem Zuge sollte auch die Verfügbarkeit der noch notwendigen Reststunden überprüft wer-
den bzw. adäquat die Finanzierung der Restkosten bei den Projektkosten.

>> Ist das Ressourcen- und Kostencontrolling abgeschlossen, können im Anschluss die Projektrisiken
controlled werden. Dabei geht es neben dem Controlling der aktuellen Risiken auch um die
Planung, und gegebenenfalls Durchführung, von präventiven oder korrektiven Risikomaßnahmen.

Besprechung Status Projektumwelten, Zusammenhang zu anderen Projekten

» Anhand der Projektumweltanalyse werden die Projektumwelten controlled, Umwelten mit Handlungsbedarf identifiziert und notwendige Maßnahmen vereinbart.

» Weiters werden neben den Projektumwelten auch die Beziehungen zu anderen Projekten controlled.

Besprechung interne Organisation, Zusammenarbeit

» Ergänzend zum Blitzlicht wird die interne Organisation hinsichtlich ihrer Funktionalität im Projekt controlled und Art und Häufigkeiten von Kommunikationsstrukturen, Spielregeln etc. werden bei Bedarf nachjustiert.

» Bei Konflikten im Projektteam sind Maßnahmen zum Konfliktmanagement zu vereinbaren.

Diskussion aktueller Probleme im Projekt und Entwicklung von Erstansätzen zur Problemlösung

» Hier werden alle Punkte besprochen, die im Blitzlicht gesammelt wurden.

» Dabei müssen im Projektcontrolling-WS nicht alle Punkte geklärt werden, aber es sollte für alle Punkte eine weitere Vorgehensweise vereinbart werden.

» Wichtig ist hierbei auch, dass der Projektleiter nicht auf alle angesprochenen Punkte eine Antwort wissen muss. Der Projektleiter ist nur dafür verantwortlich, Diskussionspunkte zu identifizieren und Lösungen zu organisieren, ohne alle Lösungen selbst zu entwickeln.

Ausblick weitere Projektdurchführung

» Ausblick auf die nächsten Wochen bis zum nächsten Projektcontrolling-WS: Was wird passieren, worauf sollte man achten etc.

Vereinbarung der weiteren Vorgehensweise (WVW)

» Als letzter Programmpunkt wird die weitere Vorgehensweise, inklusive einer detaillierten To-Do-Liste, vereinbart.

Die Vorbereitung des Projektcontrolling-Workshops erfolgt durch den Projektleiter, ev. hat der Projektleiter zusätzliche Unterstützung durch ein etwaiges Projektbüro, einen Sekretär oder aus dem Projektteam.

Die Moderation des Projektcontrolling-WS erfolgt durch den Projektleiter selbst. Wie schon im Projektstart-WS beschrieben, bedeutet das für den Projektleiter, mehrere Aufgaben gleichzeitig wahrzunehmen, und er sollte sich deshalb gut auf den Workshop vorbereiten. Es empfiehlt sich, insbesondere für die ersten Projektcontrolling-WS ein Design zu erstellen.

Schritt 3: Aktualisierung Projektplanung

Nach der Durchführung des Projektcontrolling-Workshops sind die Projektpläne zu aktualisieren. Das Projekthandbuch erhält nach der Aktualisierung eine neue Versionsnummer.

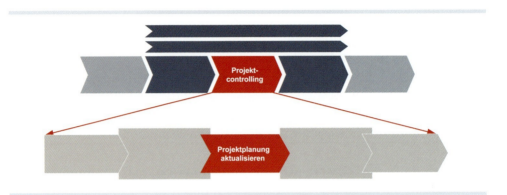

Außerdem ist ein Protokoll für den Projektcontrolling-WS zu erstellen.

Schließlich ist ein Projektfortschrittsbericht zu schreiben. Dieser Fortschrittsbericht wird vom Projektleiter meist nach dem Projektcontrolling-WS erstellt. Eine Alternative ist, dass der Projektleiter schon vor dem Projektcontrolling-WS einen Vorschlag vorbereitet und dieser dann, nach dem Controlling aller Betrachtungsobjekte, vorgestellt, besprochen und im Projektteam verabschiedet wird.

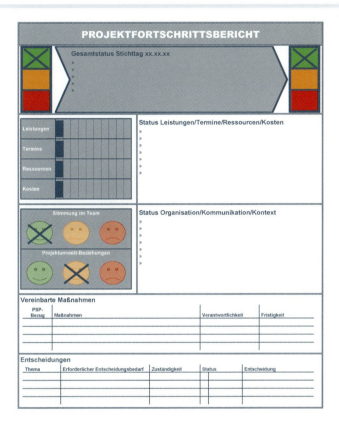

Beispiel eines Projektfortschrittsberichts

Eine detaillierte Beschreibung des Projektfortschrittsberichts findet sich in Kapitel „Projekthandbuch"

Zuletzt ist die Projektauftraggebersitzung vorzubereiten. Wie im Projektstartprozess sind der Projekt-fortschrittsbericht und, falls gewünscht, das aktuelle Projekthandbuch vorab an den Projektauf-traggeber zu schicken, damit sich dieser auf die PAG-Sitzung vorbereiten kann.

Schritt 4: Durchführung der Projektauftraggebersitzung

Die Durchführung der Projektauftraggebersitzung erfolgt meist nur zwischen Projektauftraggeber und Projektleiter. Eine Alternative wäre, die Auftraggebersitzung gleich im Anschluss an den Projektcontrolling-WS durchzuführen und das Projektteam (ganz oder teilweise) mit einzubinden (auch eine Kombination ist denkbar, z. B. jedes zweite Mal kommt der PAG direkt am Ende des Projektcontrolling-WS dazu, ansonsten wird eine Projektauftraggebersitzung zwischen PAG und Projektleiter durchgeführt).

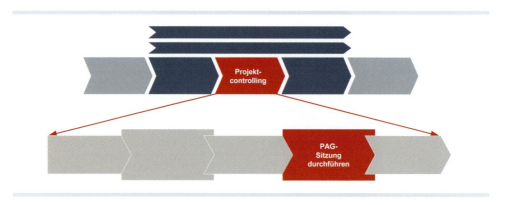

Ziele der Projektauftraggebersitzung sind die Präsentation und Diskussion des Projektstatus und etwaiger anstehender Diskussions- oder Entscheidungspunkte.

<table>
<tr><td colspan="2" align="center">Einladung
Projektauftraggeber-Sitzung</td></tr>
<tr><td>Projekt:</td><td>Projektleiter:</td></tr>
<tr><td>Datum / Zeit:</td><td>Teilnehmer:
»
»</td></tr>
<tr><td>Ort:</td><td>»
»</td></tr>
</table>

Ziele

» Abstimmung Projektstatus
» Vereinbarung von Entscheidungen und steuernder Maßnahmen
» Vereinbarung der weiteren Vorgangsweise (WVW)

Tagesordnung

» Einstieg, Ziele, Ablauf
» Blitzlicht
» Präsentation Projektstatus
  » Leistungen
  » Termine
  » Ressourcen, Kosten
  » Projektorganisation und Projektumwelten
» Diskussion anstehender Entscheidungen und steuernder Maßnahmen
» Projektausblick
» Vereinbarung der weiteren Vorgangsweise (WVW)

Unterlagen

» Projektfortschrittsbericht
» Projekthandbuch
» Einladung mit Agenda

Einladung zu einer Projektauftraggebersitzung

Nachfolgend sollen diese einzelnen Agendapunkte detaillierter beschrieben werden:

Einstieg, Ziele und Ablauf

» Zu Beginn der Projektauftraggebersitzung erfolgt zunächst eine kurze Abstimmung der Ziele und des Ablaufs.

Blitzlicht

» Noch vor dem inhaltlichen Einstieg in die Diskussion des Projektstatus sollte ein kurzes Blitzlicht durchgeführt werden (siehe Beschreibung im Kapitel „PM-Methoden").

Präsentation Projektstatus

» Wie im Projektstartprozess ist es auch im Projektcontrolling nicht zielführend, alle Detailpläne mit dem Projektauftraggeber durchzusprechen. Ziel ist es vielmehr, dem Projektauftraggeber anhand des Projektfortschrittsberichts sowie ausgewählter PM-Pläne den Projektstatus vorzustellen und diesen zu diskutieren.

>> Projektstrukturplan zur Vorstellung des Leistungsfortschritts und möglicher inhaltlicher Probleme in Arbeitspaketen.

>> Terminplan (Meilensteinplan und ev. ergänzend Balkenplan) zur Besprechung der terminlichen Situation und ev. terminlicher Abweichungen (alternativ könnten die Termine auch mit dem PSP mitbesprochen werden, falls die Meilensteine im PSP dargestellt werden).

>> Ressourcen- und Kosten: Darstellung Soll-Ist-Vergleich und Diskussion über die Einhaltung des Ressourcen- und Kostenbudgets.

>> Projektorganisation und Projektumwelten: Status und bei Bedarf Diskussion des sozialen Status im Projekt.

Diskussion anstehender Entscheidungen und steuernder Handlungen

>> Haben sich im Zuge des Projektcontrolling-Workshops Fragen, anstehende Entscheidungen oder notwendige steuernde Handlungen ergeben, die nicht im Projektteam geklärt bzw. entschieden werden konnten, werden diese mit dem Projektauftraggeber besprochen und geklärt.

Projektausblick, weitere Vorgehensweise

>> Abstimmung der nächsten Schritte im Projekt und Vereinbarung des nächsten Meetings.

Schritt 5: Projektcontrollingprozess abschließen

Abschließend ist einerseits ein Protokoll der Projektauftraggebersitzung zu erstellen und sind gegebenenfalls zusätzlich vereinbarte Maßnahmen einzuleiten.

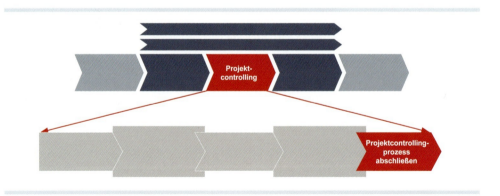

Falls sich im Zuge der Projektauftraggebersitzung nochmals Änderungen in der PM-Planung ergeben haben, müssen die PM-Pläne korrigiert und das aktualisierte Projekthandbuch an das Projektteam und den Projektauftraggeber verteilt werden.

≫ Ergebnisse des Projektcontrollingprozesses

≫ Die Projektmanagementpläne sind aktualisiert, das Projekthandbuch ist überarbeitet und im Projektteam sowie mit dem Projektauftraggeber abgestimmt.

≫ Notwendige steuernde Handlungen sind vereinbart und konkretisiert.

≫ Es gibt einen gemeinsamen Informationsstand im Projektteam und eine gemeinsame Sichtweise über den Status im Projekt.

≫ Ein Projektfortschrittsbericht ist erstellt und mit dem Projektauftraggeber besprochen.

≫ Zu klärende Punkte sind sowohl im Projektteam als auch mit dem Projektauftraggeber besprochen und anstehende Entscheidungen geklärt.

≫ Es gibt Klarheit über die weitere inhaltliche Arbeit im Projekt.

≫ Das Teaming des Projektteams ist fortgeführt und etwaige soziale Probleme sind behandelt und geklärt worden.

≫ Weiterführende Projektmarketingaktivitäten sind erfolgt.

Projektcontrollingprozess bei Kleinprojekten

In Kleinprojekten sind im Projektstartprozess aufgrund der geringeren Komplexität weniger PM-Pläne erstellt worden (vergleiche PM-Methodenliste). Aus diesem Grund ergibt sich ein reduzierter Projektcontrolling-Bedarf. Die erstellten PM-Pläne sind jedoch auch in Kleinprojekten regelmäßig zu controllen.

Meist aktualisiert der Projektleiter die PM-Pläne schon vor dem Projektcontrolling-Workshop, diese werden dann im PC-WS im Projektteam besprochen und gegebenenfalls aktualisiert. Wichtig ist allerdings, dass auch bei Kleinprojekten ein gemeinsames Projektcontrolling erfolgt und dies nicht als alleinige Aufgabe des Projektleiters verstanden wird. Die Projektcontrolling-Workshops werden wesentlich kürzer sein (ca. zwei Stunden), je nach Status des Projekts bzw. anstehenden Problemen.

Projektcontrolling vorbereiten	Projektcontrolling-Workshop durchführen	Projektplanung aktualisieren

Nach Durchführung des Projektcontrolling-Workshops werden auch bei Kleinprojekten das Projekt-handbuch aktualisiert, ein Projektfortschrittsbericht und ein Protokoll erstellt und diese an das Projektteam verteilt. Auf Wunsch des Projektauftraggebers kann nachfolgend eine Projektauftraggebersitzung stattfinden. Häufig begnügt sich der Projektauftraggeber mit der Zusendung des Projektfortschrittsberichts und ev. des aktuellen Projekthandbuches. Projektauftraggebersitzungen werden eher dann abgehalten, wenn im Projekt Probleme entstehen oder die Projektampel auf Rot steht.

Zusammenfassender Überblick über den Projektcontrollingprozess

Zum besseren Gesamtüberblick wird am Ende des Kapitels der Projektcontrollingprozess zusammen-fassend dargestellt:

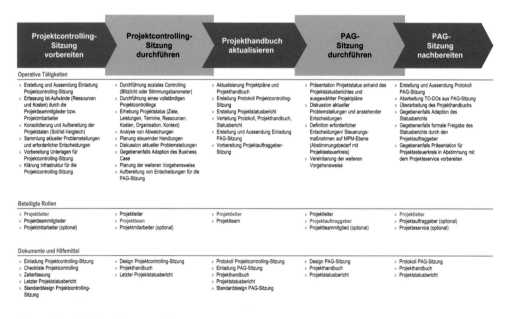

Projektcontrolling-Sitzung vorbereiten	Projektcontrolling-Sitzung durchführen	Projekthandbuch aktualisieren	PAG-Sitzung durchführen	PAG-Sitzung nachbereiten
Operative Tätigkeiten				
» Erstellung und Aussendung Einladung Projektcontrolling-Sitzung » Erfassung Ist-Aufwände (Ressourcen und Kosten) durch die Projektteammitglieder bzw. Projektmitarbeiter » Konsolidierung und Aufbereitung der Projektdaten (Soll/Ist-Vergleich) » Sammlung aktueller Problemstellungen und erforderlicher Entscheidungen » Vorbereitung Unterlagen für Projektcontrolling-Sitzung » Klärung Infrastruktur für die Projektcontrolling-Sitzung	» Durchführung soziales Controlling (Blitzlicht oder Stimmungsbarometer) » Durchführung eines vollständigen Projektcontrollings » Erhebung Projektstatus (Ziele, Leistungen, Termine, Ressourcen, Kosten, Organisation, Kontext) » Analyse von Abweichungen » Planung steuernder Handlungen » Diskussion aktueller Problemstellungen » Gegebenenfalls Adaption des Business Case » Planung der weiteren Vorgehensweise » Aufbereitung von Entscheidungen für die PAG-Sitzung	» Aktualisierung Projektpläne und Projekthandbuch » Erstellung Protokoll Projektcontrolling-Sitzung » Erstellung Projektstatusbericht » Verteilung Protokoll, Projekthandbuch, Statusbericht » Erstellung und Aussendung Einladung PAG-Sitzung » Vorbereitung Projektauftraggeber-Sitzung	» Präsentation Projektstatus anhand des Projektstatusberichtes und ausgewählter Projektpläne » Diskussion aktueller Problemstellungen und anstehender Entscheidungen » Definition erforderlicher Entscheidungen/ Steuerungs-maßnahmen auf MPM-Ebene (Abstimmungsbedarf mit Projektesteuerkreis) » Vereinbarung der weiteren Vorgehensweise	» Erstellung und Aussendung Protokoll PAG-Sitzung » Abarbeitung TO-DOs aus PAG-Sitzung » Überarbeitung des Projekthandbuchs » Gegebenenfalls Adaption des Statusberichts » Gegebenenfalls formale Freigabe des Statusberichts durch den Projektauftraggeber » Gegebenenfalls Präsentation für Projektesteuerkreis in Abstimmung mit dem Projekteservice vorbereiten
Beteiligte Rollen				
» Projektleiter » Projektteammitglieder » Projektmitarbeiter (optional)	» Projektleiter » Projektteam » Projektmitarbeiter (optional)	» Projektleiter » Projektteam	» Projektleiter » Projektauftraggeber » Projektteammitglied (optional)	» Projektleiter » Projektauftraggeber (optional) » Projekteservice (optional)
Dokumente und Hilfsmittel				
» Einladung Projektcontrolling-Sitzung » Checkliste Projektcontrolling » Zeiterfassung » Letzter Projektstatusbericht » Standarddesign Projektcontrolling-Sitzung	» Design Projektcontrolling-Sitzung » Projekthandbuch » Letzter Projektstatusbericht	» Protokoll Projektcontrolling-Sitzung » Einladung PAG-Sitzung » Projekthandbuch » Projektstatusbericht » Standarddesign PAG-Sitzung	» Design PAG-Sitzung » Projekthandbuch » Projektstatusbericht	» Protokoll PAG-Sitzung » Projekthandbuch » Projektstatusbericht

Darstellung des Projektcontrollingprozesses

Nutzen Sie die beiliegende Vorlage auf der CD-ROM!

! Tipps und Tricks im Projektcontrolling

» Nehmen Sie das Projektteam immer mit in die Controlling-Verantwortung und führen Sie Projektcontrolling-Workshops zum gemeinsamen Projektcontrolling durch!

» Reduzieren Sie das Projektcontrolling nicht auf die Hard Facts (Leistungen, Termine, Ressourcen und Kosten), sondern führen Sie ein ganzheitliches Projektcontrolling, also inkl. Soft Facts (Organisation und Kontext) durch. Nur ein ganzheitliches Projektcontrolling sichert eine ganzheitliche Sicht über das Projekt und gibt die Möglichkeit, rechtzeitig auf Probleme und Abweichungen zu reagieren!

» Sehen Sie den Projektfortschrittsbericht nicht als administrativen Aufwand, sondern nutzen Sie ihn als Kommunikationsinstrument an den Projektauftraggeber und an relevante Projektumwelten (z. B. Kunde)!

» Führen Sie das Projektcontrolling nicht zu oft, aber dafür ganzheitlich durch. Differenzieren Sie in Ihren Kommunikationsstrukturen zwischen einem Projekt-Jour-fixe (inhaltliche Abstimmung innerhalb des Projektteams) und einem Projektcontrolling-WS!

» „Projektcontrolling durch den Projektleiter ist out, gemeinsames Projektcontrolling im Team ist in!"

Projektkoordinationsprozess

Unter Projektkoordination werden alle koordinierenden Tätigkeiten des Projektleiters verstanden (koordinierende Aufgaben von Projektteammitgliedern werden in ihre jeweiligen AP eingerechnet). Während der Projektcontrollingprozess zyklisch erfolgt, erfolgt die Projektkoordination kontinuierlich.

Darstellung des kontinuierlichen Projektkoordinationsprozesses

Anleitung

Neben den einmaligen Aktivitäten des Projektleiters im Projektstart zur Erstellung der Projektplanung und der repetitiven Aufgaben im Projektcontrolling liegt eine Hauptaufgabe des Projektleiters in der Koordination des Projektteams und aller relevanten Projektumwelten.

Der Koordinationsaufwand des Projektleiters kann stark variieren und hängt hauptsächlich von der Projektart (Konzeptions- oder Realisierungsprojekt), Branche, Projektgröße, Größe des Projektteams, Anzahl der bzw. Schwierigkeiten mit involvierten Projektumwelten und der bisherigen Erfahrung mit ähnlichen Projekten ab. So kann die Projektkoordination den Projektleiter von wenigen Stunden pro Woche bis zur gesamten Verfügbarkeit in Anspruch nehmen.

Die Koordination erfolgt meist per Telefon, E-Mail oder bei kurzen Besprechungen. Als Hilfsmittel des Koordinationsprozesses dient insbesondere die To-Do-Liste (in vielen Unternehmen auch als OPL – Offene-Punkte-Liste – bekannt).

Beispiel einer To-Do-Liste

 Nutzen Sie die beiliegende Vorlage auf der CD-ROM!

Der Projektleiter notiert kontinuierlich die vereinbarten To-Dos, inklusive Zuständigkeit und Termin. In regelmäßigen Abständen wird die To-Do-Liste controlled, erledigte Aufgaben werden als solche markiert und in weiterer Folge wieder aus der To-Do-Liste eliminiert.

Bei Kundenprojekten kann (alternativ) ergänzend eine Mängelliste geführt werden.

Wesentlich ist, den wahrscheinlichen Koordinationsaufwand des Projektleiters am Anfang des Projekts zu kalkulieren, diesen um den Projektcontrollingaufwand zu ergänzen und diese Zeit für das Projektmanagement einzuplanen. Besteht darüber hinaus zusätzliche Kapazität des Projektleiters, kann dieser ergänzend Arbeitspakete als Arbeitspaket-Verantwortlicher übernehmen.

Häufig unterschätzen Projektleiter sowohl den Aufwand zur Durchführung des Projektcontrollings als auch insbesondere den entstehenden Koordinationsaufwand im Projekt. Übernimmt der Projektleiter im Zuge der Projektplanung zu viele Arbeitspakete selbst, fehlt ihm im Projektverlauf die nötige Zeit zum professionellen Projektcontrolling und zur Koordination des Projekts.

Die Koordinationstätigkeiten des Projektleiters umfassen beispielsweise:
>> Koordination der Projektteammitglieder
>> Abstimmung von Schnittstellen zwischen Arbeitspaketen
>> Abstimmungen mit relevanten Projektumwelten
>> Beantwortung von Fragen
>> Sicherstellung der Gesamtprojektsichtweise
>> Abstimmung mit Führungskräften und dem Projektauftraggeber
>> Überprüfung der Leistungsfortschritte in Arbeitspaketen
>> Aufrechterhaltung der Kommunikation
>> Fortführung der To-Do-Liste

Neben der To-Do-Liste kann ein Formular für Gesprächsnotizen als zusätzliches Hilfsmittel dienen. Kurze Abstimmungen werden nicht in langen, aufwändigen Protokollen, sondern in knappen Gesprächsnotizen festgehalten.

Gesprächsnotiz		
Projekt:	Projektleiter:	
Datum / Zeit:	Teilnehmer: » » » »	
Ort:		
Themen » Diskussionspunkt 1 » Diskussionspunkt 2 » ... » Vereinbarung der weiteren Vorgangsweise (WWW)		
ToDo	Zuständigkeit	Dauer
ToDo1		
ToDo2		
ToDo3		
ToDo4		
ToDo5		
ToDo6		

Beispiel einer Gesprächsnotiz

In ausgewählten Projekten (z. B. im Pharmabereich) wird nach Abschluss eines Arbeitspakets dieses formal abgenommen. Diese internen Abnahmen von AP erfolgen durch den Projektleiter. In den meisten Projekten sind solche formalen Arbeitspaketabnahmen jedoch nicht notwendig, denn sie erhöhen den administrativen Aufwand.

Abnahme Arbeitspakete					
PSP-Code	Arbeitspaket	AP-Verantw	Datum	Abnahme durch	Unterschrift

Beispiel einer Abnahmeliste von Arbeitspaketen

⟫ Ergebnisse des Projektkoordinationsprozesses

⟫ Protokolle von Projektkoordinationsitzungen

⟫ To-Do-Liste

⟫ Abnahmeliste von Arbeitspaketen

⟫ Mängelliste

Projektkoordination bei Kleinprojekten

Die Koordination in Kleinprojekten unterscheidet sich in der Aufgabenstellung nicht grundsätzlich von der in Projekten. Allerdings bleibt der Umfang der Koordination geringer. Deshalb übernimmt der Projektleiter von Kleinprojekten in aller Regel mehr Arbeitspakete selbst.

! Tipps und Tricks in der Projektkoordination

⟫ Kalkulieren Sie bereits in der Projektplanung den Projektkoordinationsaufwand, am einfachsten in Form von Stunden pro Woche!

⟫ Summieren Sie den Koordinations- und Projektcontrolling-Aufwand und halten Sie sich diese Zeit für das PM frei!

⟫ Ein Projektleiter, der zu wenig Zeit für das Projektcontrolling und die Projektkoordination hat, gefährdet das gesamte Projekt und den Projekterfolg!

⟫ Führen Sie für kleinere operative Aufgaben im Projekt eine zentrale To-Do-Liste als Ergänzung zu den Arbeitspaketen im PSP!

⟫ Bei großen Projekten klären Sie bereits in der Projektbeauftragung, ob die Koordinationsaufgaben durch Sie als Projektleiter alleine durchgeführt werden können oder ob Sie gegebenenfalls einen Projektassistenten (Projektbüro) benötigen!

Projektmarketingprozess

Das Projektmarketing verfolgt das Ziel, mit gezielten Aktivitäten das Projekt intern und extern zu „verkaufen".

Durch ein gezieltes Projektmarketing ist das Projekt bei allen relevanten Projektumwelten bekannt und die nötige Akzeptanz zur Durchführung des Projekts gesichert. Die relevanten Projektumwelten sind von der Durchführung des Projekts überzeugt und unterstützen das Projekt entsprechend ihren Möglichkeiten.

In vielen Projekten gibt es sehr unterschiedliche Sichtweisen zum Nutzen und zur Notwendigkeit eines Projekts. So gibt es Umwelten, die das Projekt initiieren und damit fördern, und andere Umwelten, die dem Projekt skeptisch oder sogar „feindlich" gegenüberstehen. Durch gezielte Projektmarketingaktivitäten sollen die positiven Projektumwelten aktiviert und die negativen Projektumwelten von der Sinnhaftigkeit und dem Nutzen des Projekts überzeugt werden. Zudem geht es im Projektmarketing auch um die generelle Kommunikation des Projekts nach außen.

Besondere Bedeutung hat das Projektmarketing in Organisationsentwicklungsprojekten (OE). In OE-Projekten geht es um organisatorische Änderungen in Unternehmen, die häufig mit Befürchtungen der Mitarbeiter verbunden sind. Hier hat das Projektmarketing die Aufgabe, die Mitarbeiter frühzeitig über die Projektziele zu informieren und ihnen durch die Kommunikation von Nicht-Zielen Bedenken zu nehmen und Gerüchten vorzubeugen.

$$E = Q \times A$$

Erfolg ist Qualität mal Akzeptanz

Häufig wird in Projekten viel Zeit und Energie in eine hohe Qualität der Arbeit, wesentlich weniger Aufwand aber in Maßnahmen zur Akzeptanz investiert. Die Formel $E = Q \times A$ verdeutlicht, dass sich Erfolg aus der Multiplikation von Qualität und Akzeptanz ergibt. Das bedeutet, dass hohe Qualität ohne Akzeptanz einen Misserfolg darstellt. Projektmarketing hat somit zum Ziel, die nötige Akzeptanz für Projektinhalte und Projektergebnisse zu schaffen, um den Projekterfolg sicherzustellen!

Das Geheimnis guten Projektmarketings liegt in einer zielgruppenspezifischen Informations- und Kommunikationspolitik. Das bedeutet zwar, dass Mehraufwand für derlei Aktivitäten anfallen wird und daher auch ein gewisses Budget einkalkuliert werden muss. Andererseits kann gutes Projektmarketing dazu beitragen, einem Teil der Probleme, der auf mangelnden Informationsfluss zurückzuführen ist, vorzubeugen.

Des Weiteren kann auch im Projektmarketing einem Prozess gefolgt werden.

Darstellung des Projektmarketingprozesses

Anleitung

Basis für ein professionelles Projektmarketing ist ein Projektmarketingkonzept. Zur Erstellung dieses Konzepts sind folgende Schritte durchzuführen:

Schritt 1: Beschreibung der Ausgangssituation

Die Ausgangssituation beschreibt kurz den Projektkontext sowie die Relevanz des Projektmarketings im konkreten Projekt.

Schritt 2: Definition der Zielgruppen

Ganz wesentlich ist die Identifikation der Zielgruppen für das Projektmarketing. Dafür kann einerseits das Projektorganigramm und andererseits die Projektumweltanalyse herangezogen werden.

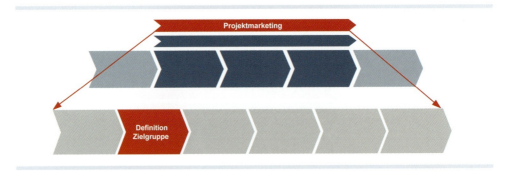

Die Zielgruppen sind deshalb so entscheidend für das Projektmarketing, weil in Projekten meist weder Zeit noch Budget noch Ressourcen für allgemeine, umfassende Marketingaktivitäten vorhanden sind. Gezielte Projektmarketingmaßnahmen sollten sich daher immer nach den relevanten Zielgruppen richten.

Typische Projektumwelten könnten sein:

>> Projektauftraggeber

>> Kunde oder unterschiedliche Kundenvertreter (Ansprechpartner auf Kundenseite)

>> Mitarbeiter

>> Betriebsrat

>> Involvierte Abteilungen

>> Betroffene Führungskräfte

>> Lieferanten

>> etc.

Schritt 3: Definition der Projektmarketinginstrumente

Sind die Zielgruppen für das Projektmarketing ausgewählt, können die zu verwendenden Projekt-marketinginstrumente dieses Projekts definiert werden.

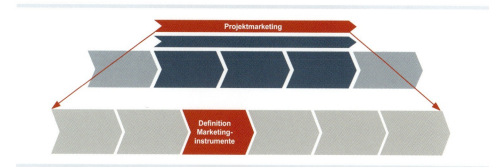

Beispiele für Projektmarketinginstrumente können sein:

» Projektzeitung

» Newsletter

» Artikel in der Firmenzeitschrift

» Darstellung des Projekts im Intranet

» Erstellung Projektfolder

» Projekt-T-Shirts, -kugelschreiber, -blöcke etc.

» Projektlogo und Projektslogan

» Projektpräsentationen, Roadshows

» Giveaways

» Foliensatz zur Projektkommunikation

» Soziale Projekt-Events

» etc.

Hier sind Ihrer Kreativität keine Grenzen gesetzt!

Schritt 4: Erstellung eines Projektmarketingplans

Der Projektmarketingplan enthält die geplanten Projektmarketingaktivitäten, die dazu geplanten Termine sowie Zuständigkeiten.

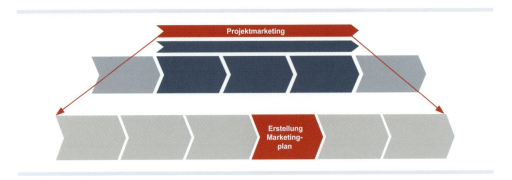

Der Projektmarketingplan ist das operative Instrument des Projektmarketings in der Durchführung und dient u. a. dessen Controlling.

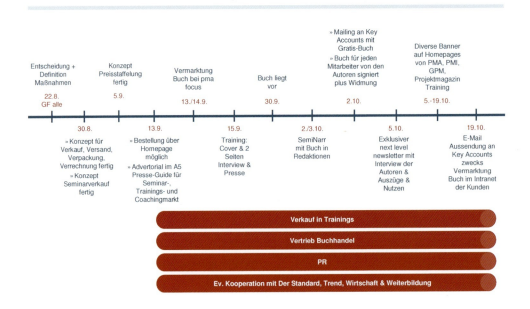

Beispiel eines Projektmarketingplans

Schritt 5: Erstellung eines Projektmarketingbudgets

Neben der Definition der Projektmarketingaktivitäten, der Termine und Zuständigkeiten, ist natürlich auch das Budget für das Projektmarketing zu planen.

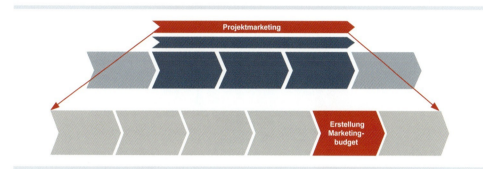

Da es sehr schwierig ist, während des Projekts ein Budget für Projektmarketingaktivitäten genehmigt zu bekommen, empfiehlt es sich, schon zum Projektstart in der allgemeinen Projektkostenplanung ein Budget für das Projektmarketing einzuplanen.

Die Bereitschaft, in ein Projektmarketing zu investieren, ist in den Unternehmen sehr unterschiedlich ausgeprägt. Hier sollte nochmals auf die Formel $E = Q \times A$ (Erfolg ist Qualität mal Akzeptanz) hingewiesen und dem Projektauftraggeber mit Hilfe dieser Formel die Bedeutung des Projektmarketings erklärt werden.

Schritt 6: Zusammenführung in ein Gesamtmarketingkonzept

Wurden die Schritte 1 bis 5 durchgeführt und dokumentiert, können sie in ein Gesamtmarketingkonzept zusammengeführt werden. Das hat den Vorteil, dass sich alle projektmarketingrelevanten Überlegungen in einem Dokument wiederfinden und die Projektteammitglieder sich ausgewählte Projektmarketinginformationen nicht aus unterschiedlichen Files (Ordnern) zusammensuchen müssen.

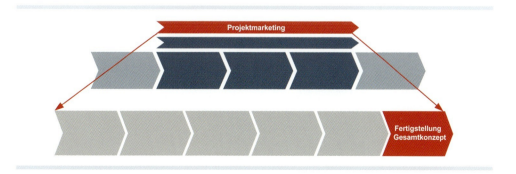

Diese generellen Überlegungen können wie folgt auf den PM-Prozess übertragen werden:

Projektmarketing in den einzelnen PM-Prozessen:

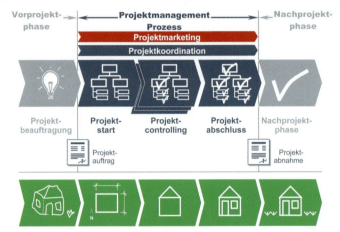

Darstellung des Projektmarketingprozesses im Gesamtüberblick

Projektstart

» Erstellung eines Projektmarketingkonzepts

» Gezielte Verteilung des Projekthandbuches

» Erstellung eines Infoblattes zum Projekt, Durchführung erster Projektmarketingaktivitäten

» Projektpräsentation und Abstimmung im Rahmen eines Führungskräftemeetings

» Kundenpräsentationen, Kundenworkshops

» Kommunikation an alle relevanten Umwelten (Betriebsrat, …)

Projektkoordination

» Die Vermarktung des Projekts sollte vom Projektleiter in jeder Projektphase mit bedacht werden. In der Projektkoordination, die sich über die gesamte Projektlaufzeit erstreckt, ist somit die ständige Vermarktung des Projekts mit zu berücksichtigen.

» Hierzu gehört auch das permanente Verkaufen des Projekts in Einzelgesprächen im Projektteam, bei relevanten Projektumwelten etc.

Projektcontrolling

» Im Rahmen der Projektcontrolling-WS, werden neben den Hard Facts (Ziele, Leistungen, Termine, Ressourcen und Kosten) auch die Soft Facts (interne Organisation und Kultur sowie der Projekt-kontext, d. h. die Projektumwelten und die Beziehung zu anderen Projekten) controlled. Insbes-ondere bei der Gestaltung der Projektumweltbeziehungen, aber auch in der Steuerung des Projektteams, können sich Projektmarketingaktivitäten ergeben.

» Diese Projektmarketingaktivitäten sind im Projektcontrolling-WS zu planen, zu vereinbaren und danach umzusetzen. Im nächsten Projektcontrolling-WS werden diese Aktivitäten wieder control-led, das heißt, es wird geklärt, ob die vereinbarten Maßnahmen durchgeführt wurden und ob diese Maßnahmen tatsächlich zum gewünschten Erfolg geführt haben. Wenn nicht, sind sie zu wiederho-len oder durch andere Maßnahmen zu ersetzen.

Projektabschluss

» Am Ende des Projekts geht es um die Vermarktung des Projekterfolgs. Diese Vermarktung erfolgt wieder in Form eines gezielten Projektmarketings. Je nach Zielgruppe können hier unterschiedli-che Marketing-Aktivitäten erfolgen:
  » Verteilung des Projektabschlussberichts
  » Projektabschluss-Präsentation, Projekte-Vernissage
  » Publikation des Projekts (insbesondere bei Referenzprojekten oder bei erstmalig durchgeführten Projekten)
  » Präsentation des Projekts bei potenziellen anderen Kunden
  » Artikel über das Projekt, Inserate in unterschiedlichen Zeitschriften
  » Durchführung von kundenspezifischen Aussendungen

» Im Projektabschluss-Workshop kann das Projektmarketing reflektiert, können Stärken und Schwächen des Projektmarketings analysiert und Empfehlungen für die folgenden Projekte defi-niert werden.

» Ebenfalls sinnvoll ist es, in der Organisation eine Sammlung von Projektmarketing-Beispielen anzu-legen, damit Projektleiter das Projektmarketing nicht in jedem Projekt „neu erfinden" müssen.

Ergebnisse des Projektmarketings

Der Projektmarketingprozess ist, ebenso wie der Projektkoordinationsprozess, eine kontinuierliche Aufgabe über die gesamte Projektdauer.

Ein erfolgreiches Projektmarketing zeigt sich unter anderem in folgenden Faktoren:

» Das Projekt ist bei allen wesentlichen Projektumwelten bekannt und die Nutzen des Projekts wurden kommuniziert und verstanden.

>> Das Projektteam hat die Projektziele verstanden, steht hinter dem Projekt und versucht das Projekt in allen Situationen zu „verkaufen".

>> Das Projekt hat generell ein positives Image.

>> Alle relevanten Projektumwelten verfügen über die notwendigen Projektinformationen.

>> Bei Organisationsentwicklungsprojekten: Die Projektziele und Nicht-Ziele sind kommuniziert, Mitarbeiter bzw. Betroffene wissen über die Notwendigkeit des Projekts Bescheid und es gibt keine kursierenden Gerüchte.

>> Das Projekt wird von allen wesentlichen Projektumwelten mitgetragen.

Projektmarketing bei Kleinprojekten

Projektmarketing ist grundsätzlich nicht abhängig von der Projektgröße oder der Komplexität eines Projekts. Es kann in Kleinprojekten viel oder wenig Projektmarketing und -kommunikationsbedarf geben. Daher stellt sich, unabhängig von der Projektkomplexität, die Frage: Wer ist wie wann in welcher Form zu informieren?

Tipps und Tricks im Projektmarketing

>> Planen Sie Ihr Projektmarketing im Voraus! Es ist nicht damit getan, im Projektverlauf – wenn gerade Zeit bleibt – ein bis zwei Artikel in der unternehmensinternen Zeitschrift zu veröffentlichen!

>> Projektmitarbeiter haben grundsätzlich einen anderen Informationsbedarf in Bezug auf das Projekt als die zukünftigen User oder die übrigen Mitarbeiter des Unternehmens. Durch Identifikation unterschiedlicher Zielgruppen und die Durchführung spezifischer Marketingmaßnahmen je Gruppe kann dieser Tatsache Rechnung getragen werden!

>> Ein erfolgreiches Projektmarketing besteht aus einer zielgruppenspezifischen Kommunikations- und Informationspolitik!

>> Es erweist sich immer wieder als äußerst schwierig, im Nachhinein ein Budget für Projektmarketing-Maßnahmen zu bekommen. Planen Sie daher frühzeitig adäquate Geldmittel und Personalressourcen dafür ein (Projektbeauftragung bzw. Projektstart)!

>> Der obligatorische Kugelschreiber oder die Kaffeetasse mit dem Projektlogo sind eine Möglichkeit. Vor allem Giveaways sollten vom Beschenkten relativ einfach mit dem Thema des Projekts in Zusammenhang gebracht werden können. Ihrer Fantasie und Kreativität sind diesbezüglich keinerlei Grenzen gesetzt!

>> Das wirkungsvollste Marketing ist immer noch die (positive) Mundpropaganda. Suchen Sie bei jeder Gelegenheit Gespräche in der Kantine oder auf dem Flur, nutzen Sie unternehmensinterne Foren und Plattformen und seien Sie bei wichtigen Meetings präsent. All diese Aktivitäten tragen zur Verankerung des Projekts im Langzeitgedächtnis der Mitarbeiter im Unternehmen bei!

>> Sollte Sie der Gedanke quälen, dass Sie mit Ihren Marketingmaßnahmen bereits jemanden nerven, haben Sie gerade erst einen akzeptablen Level erreicht!

Projektabschlussprozess

Der Projektabschlussprozess schließt das Projektmanagement im Projekt ab und sichert, neben der Planung von Restarbeiten und der Nachprojektphase, insbesondere die Projektevaluierung und das organisatorische Lernen aus dem Projekt.

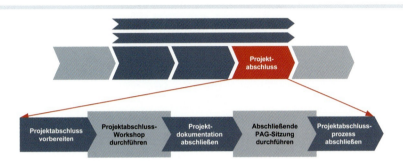

Darstellung des Projektabschlussprozesses im Überblick

Anleitung

Die Vorgehensweise im Projektabschlussprozess hängt von der Komplexität der Aufgabenstellung (Projekt oder Kleinprojekt) ab.

Wesentliche Bestandteile des Projektabschlussprozesses sind der Projektabschluss-Workshop im Projektteam sowie die abschließende Projektauftraggebersitzung.

Weitere Kommunikationsstrukturen können je nach Gegebenheiten des Projekts ergänzt werden:

» Projektpräsentation bei Führungskräften oder Mitarbeitern

» Abschlusspräsentation beim Kunden

» Projektabschluss-WS mit dem Kunden

» Social Event für das Projektteam, ev. sogar für alle Projektbeteiligten

Schritt 1: Projektabschluss vorbereiten

Die Vorbereitung des Projektabschluss-Workshops erfolgt verantwortlich durch den Projektleiter.

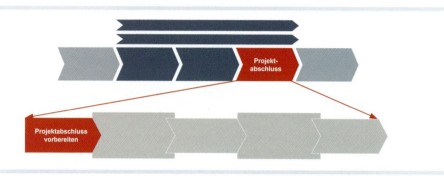

Folgende Punkte sind in der Vorbereitung zu beachten:

» Festlegung Termin, Ort, Dauer des Projektabschluss-Workshops

» Auswahl der Teilnehmer

» Entscheidung Social Event

» Erstellung einer Einladung/Agenda für den Projektabschluss-WS und Versendung an die Teilnehmer

» Vorbereitung der Räumlichkeiten und der notwendigen Medien (Beamer, Flipchart, Overhead, Pinwände etc.)

» Ev. Durchführung von Vorgesprächen (mit relevanten Entscheidern, kritischen Projektteam-mitgliedern etc.)

Weiterer Schwerpunkt ist die Vorbereitung der notwendigen Projektpläne für den Projektabschluss-Workshop:

» Projektauftrag (Projektzieleplan) zur Analyse der Projektziele

» Projektstrukturplan zur Analyse und Evaluierung der Leistungen

» Projektmeilensteinplan (Projektbalkenplan) zur Evaluierung der Projekttermine

» Projektressourcen- und Projektkostenplan zur Evaluierung der Projektressourcen und der Projektkosten

» Projektorganigramm, Projektkommunikationsstrukturen, Projektspielregeln, Regeln zur Projektdokumentation zur Evaluierung der Projektorganisation

» Projektrisikoanalyse zur Evaluierung der Projektrisiken

» Projektumweltanalyse zur Evaluierung und Auflösung der Projektumweltbeziehungen

» Tabelle: Beziehungen zu anderen Projekten zur Evaluierung und Auflösung der Beziehungen zu anderen Projekten

Schritt 2: Projektabschluss-Workshop

Die Durchführung des Projektabschluss-Workshops erfolgt meist im Projektteam, ev. sind auch der Projektauftraggeber oder ausgewählte Projektumwelten anwesend. Wichtig ist, eine maximale Anzahl von zehn bis zwölf Personen nicht zu überschreiten, da sonst die Moderation schwierig und die Analyse und Evaluierung des Projekts langwierig wird.

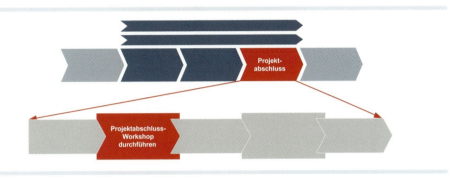

Ziele eines Projektabschluss-Workshops sind:

» Planung von Restarbeiten und der Nachprojektphase

» Reflexion und Evaluierung des Projekterfolgs

» Analyse des Projekts

» Lernen aus dem Projekt (Lernen sowohl im Team als auch in der Organisation)

» Planung der weiteren Vorgehensweise

» emotionaler Abschluss

Der Projektabschluss-WS wird meist im Rahmen eines halbtägigen bis ganztägigen Workshops durchgeführt und anschließend mit einer „sozialen Aktion" abgeschlossen (Besuch eines Heurigen/Biergartens, Kartfahren, gemeinsame Wanderung etc.). Diese oder ähnliche Aktivitäten schließen das Projekt positiv ab und stellen, neben einer ev. Projektprämie, ein Incentive für ein erfolgreiches Projekt dar.

Die nachfolgende beispielhafte Einladung für einen Projektabschluss-Workshop zeigt einen typischen Ablauf, allerdings sind auch andere Vorgehensweisen möglich.

<table>
<tr><td colspan="2" align="center">Einladung
Projektabschluss-Workshop</td></tr>
<tr><td>Projekt:</td><td>Projektleiter:</td></tr>
<tr><td>Datum / Zeit:</td><td>Teilnehmer:
»
»</td></tr>
<tr><td>Ort:</td><td>»
»</td></tr>
</table>

Ziele

- » Planung Restarbeiten und Nachprojektphase
- » Reflexion und Evaluierung des Projekterfolges
- » Analyse des Projekts
- » Lernen aus dem Projekt
- » Vereinbarung der weiteren Vorgangsweise (WVV)

Tagesordnung

- » Einstieg, Ziele, Ablauf
- » Blitzlicht
- » Besprechung Protokoll und WVV *Projektcontrolling-WS xx, xx.xx.xx*
- » Evaluierung Leistungen anhand des Projektstrukturplans (PSP)
- » Planung Restaufgaben und Nachprojektphase
- » Auflösung der Projektumwelten, Analyse Projektumwelten
- » Analyse Termine
- » Analyse Ressourcen und Kosten
- » Analyse Zielerreichung
- » Analyse Projektmanagement-Einsatz und Teamarbeit
- » Lessons Learned
- » Vereinbarung der weiteren Vorgangsweise (WVV)

Unterlagen

- » Einladung mit *Agenda xx.xx.xx*
- » Protokoll *Projektcontrolling-WS xx, xx.xx.xx*
- » Projekthandbuch, ausgewählte Projektpläne
- » Projektabschlussbericht

Einladung zu einem Projektabschluss-Workshop

Nutzen Sie die beiliegende Vorlage auf der CD-ROM!

Nachfolgend werden die einzelnen Agenda-Punkte detaillierter beschrieben:

Einstieg, Ziele und Ablauf

» Wie bei jeden Workshop wird zu Beginn die Agenda abgestimmt.

Blitzlicht

» Es wird, wie im Projektcontrolling-WS, ein letztes Blitzlicht zum sozialen Controlling und zur Abklärung anstehender Diskussionspunkte (siehe Projektcontrollingprozess) durchgeführt.

Evaluierung der Leistungen anhand des Projektstrukturplans

» Anhand des Projektstrukturplans wird nochmals controlled, ob alle Arbeitspakete vollständig abgeschlossen oder noch Restarbeiten notwendig sind. Alle Restarbeiten werden in einer abschließenden To-Do-Liste zusammengefasst.

Planung der Restarbeiten und der Nachprojektphase

» Ergänzend zum Projektstrukturplan werden im Projektteam nochmals notwendige Restarbeiten im Projekt geklärt und in der To-Do-Liste festgehalten. Weiters erfolgt abschließend die Planung der Nachprojektphase (Was passiert nach dem Projektabschlussereignis? Z. B. die Übergabe an einen Linienverantwortlichen nach einem internen Implementierungsprojekt oder die Realisierung nach einem Konzeptionsprojekt). Auch hier sind die notwendigen Maßnahmen zu vereinbaren und zu dokumentieren.

Auflösung der Projektumwelten, Analyse der Umwelten

» Zur Auflösung der Projektumwelten wird die Projektumweltanalyse verwendet. Es werden alle Projektumwelten im Projektteam durchgesprochen und ev. notwendige Maßnahmen zur Auflösung der Projektumwelten definiert (z. B. eine Lieferantenbewertung, eine abschließende Abrechnung, ein Abstimmungsmeeting mit einer anderen Abteilung zur Optimierung der Zusammenarbeit bei weiteren Projekten etc.).

» Nach der Auflösung der Umweltbeziehungen werden die Projektumwelten nach der Qualität der Zusammenarbeit analysiert. Dabei können Sie Smilies für eine positive Zusammenarbeit und Blitze für die schwierige oder problematische Zusammenarbeit vergeben. Ziel der Analyse ist es, aus den Umweltbeziehungen zu lernen und daraus Konsequenzen abzuleiten (Löschung eines Lieferanten aus der Lieferantenkartei aufgrund großer Probleme in der Zusammenarbeit; oder umgekehrt, Aufnahme eines neuen Lieferanten aufgrund positiver Erfahrungen).

Analyse Termine

» Die Analyse der Terminplanung erfolgt meist anhand des Projektmeilensteinplans, indem die ursprünglich geplanten Termine mit den Ist-Terminen verglichen werden. Werden Abweichungen identifiziert, erfolgt eine Interpretation (zu optimistische Terminplanung, Abweichungen aufgrund von Lieferantenproblemen etc.) und die Ableitung von Konsequenzen.

Analyse Ressourcen und Kosten

» Ähnlich der Analyse der Termine wird auch die Analyse der Ressourcen und Kosten durchgeführt. Planwerte werden mit den Ist-Werten verglichen, Abweichungen aufgezeigt und Ursachen identifiziert. Neben der Relevanz für die Projektbeurteilung ist die Analyse eine Basis für das organisatorische Lernen im Hinblick auf zukünftige Projekte.

Analyse Zielerreichung

» Neben Leistungen, Terminen, Ressourcen und Kosten wird selbstverständlich auch die Zielerreichung analysiert. Je besser die Projektziele in der Projektplanung definiert wurden, umso leichter ist deren Evaluierung. Wurden die Projektziele sehr unscharf definiert, erfolgt die Bewertung der Zielerreichung nur durch Interpretation (dabei kann die Interpretation des Projektteams und des Projektleiters von der des Projektauftraggebers differieren).

» Häufig erfolgt die Beurteilung der Projektzielerreichung durch eine Punktbewertung im Projektteam.

» Idealerweise werden, insbesondere bei internen Projekten, schon zu Projektbeginn Evaluierungskriterien festgelegt und die Projektziele am Ende des Projekts anhand dieser analysiert.

	Kriterien	Erreicht wenn	Analyse
1	PM-Trainings	• Trainings durchgeführt • Feedback unter 2,0 • Zusätzliche positive Evaluierung durch Campus	○ Trainings durchgeführt ○ Gutes Feedback, Notendurchschnitt 1,5 (4x PM-Grundlagen, 1x PM Advanced, 1x EDV-Einsatz, PM Potentials Modul 1+2)
2	PM-Richtlinien PM-Hilfsmittel (web prozesse)	• Die Prozesse Beauftragung, Start, Controlling, Abschluss sind angepasst • Eingeführt (es ist allen im PM beteiligten Mitarbeitern und Führungskräften bekannt) • Und akzeptiert (positives Feedback von allen Zielgruppen des PM)	○ Die Prozesse sind angepasst ○ Einführung weitgehend durchgeführt, noch offen: Präsentation erw. Komm.kreis, BL-WS, Abteilungspräsentation
3	PSC	• Rolle definiert und die Zusammensetzung vereinbart • Regelmäßige Sitzungen vereinbart und finden auch bereits statt	○ PSC ist definiert, trifft sich alle 14 Tage für Kundenprojekte ○ Für andere Projektarten Teil des MPM-Projekts
4	Projekt-organisation	• Projektorganisation etabliert • PAG bei den Projekten definiert • Rollenkonzept implementiert	○ Projektorganisation definiert ○ PAG für Kundenprojekte werden in BL/GL-WS ergänzt ○ Rollenkonzept implementiert
5	Pilotprojekte	• Sind mit PM-Neu geplant worden • Werden regelmäßig controlled	○ Pilotprojekte werden mit PM Neu durchgeführt
6	Multiprojekt-management	• Basis dafür geschaffen (Einzelprojektmanagement eingeführt) • Möglichkeit zur Füllung und Aktualisierung einer Projektdatenbank ist erfolgt (Planung und Controlling der Einzelprojekte) • Konzept für MPM liegt vor	○ Basis ist geschaffen ○ Datenbasis aus EPM für MPM vorhanden ○ EDV-Konzept für EPM in Zusammenhang mit MPM geklärt ○ Es gibt noch kein ganzheitliches MPM-Konzept

Beispiele für die Projektziele-Evaluierung

Analyse Projektmanagement-Einsatz und Teamarbeit

» Bei der Analyse des Projektmanagement-Einsatzes und der Teamarbeit werden beispielsweise auch Smilies und Punktbewertung als Arbeitshilfsmittel gewählt.

» Wichtig ist auch hier die anschließende Diskussion und die Erarbeitung von Optimierungs-potenzialen für nächste Projekte.

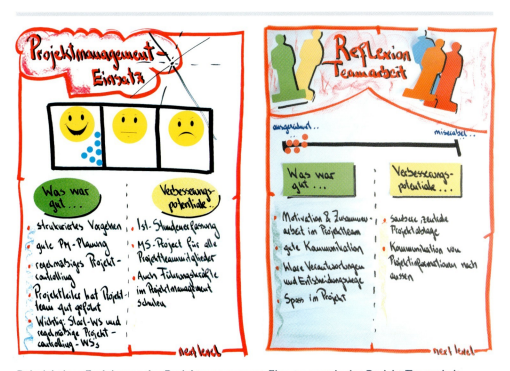

Beispiel einer Evaluierung des Projektmanagement-Einsatzes sowie der Projekt-Teamarbeit

Lessons Learned

» Zum Abschluss, nachdem das gesamte Projekt hinsichtlich aller Betrachtungsobjekte im PM analy-siert wurde, werden die wesentlichen Erfahrungen zusammengefasst.

» Die zusammenfassenden Erfahrungen können am Flipchart gesammelt werden.

» Alternativ könnten die fünf Punkte, die im Projekt hervorragend funktioniert haben und beim nächsten Projekt wieder so gemacht werden sollten, und die fünf Punkte, die in diesem Projekt nicht so gut gelaufen sind und beim nächsten Projekt anders gemacht werden sollten, gesammelt werden. Zum Optimierungsbedarf werden üblicherweise Verbesserungsvorschläge ergänzt.

» Wichtig wäre, die gewonnenen Erfahrungen in Handlungsempfehlungen in die Gesamtorganisation überzuleiten.

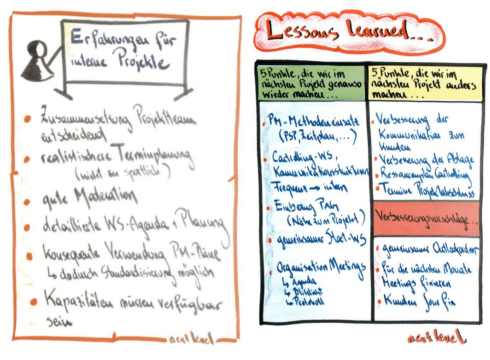

Beispiele für Lessons Learned

Vereinbarung der weiteren Vorgehensweise (WVW)

» Als letzter Programmpunkt werden noch offene Punkte geklärt und die weitere Vorgehensweise inklusive einer detaillierten To-Do-Liste wird vereinbart.

Die Vorbereitung des Projektabschluss-Workshops erfolgt durch den Projektleiter, ev. hat der Projektleiter noch zusätzliche Unterstützung durch ein etwaiges Projektbüro, einen Sekretär oder aus dem Projektteam.

Die Moderation des Projektabschluss-Workshops erfolgt entweder durch einen Moderator oder durch den Projektleiter selbst. Falls ein Moderator zur Verfügung steht, muss die Vorbereitung des Workshops unbedingt gemeinsam erfolgen. Die Nominierung eines Moderators erfolgt erfahrungsgemäß sehr oft bei besonders großen und komplexen Projekten. Der Vorteil liegt darin, dass der Projektleiter sich im Projektabschluss-WS allein auf die Reflexion konzentrieren kann und der Moderator die Moderation des Workshops übernimmt.

Steht kein Moderator zur Verfügung, wird der Projektleiter die Moderation selbst übernehmen. Dazu sollte sich der Projektleiter gut vorbereiten und alle möglichen Moderationsunterstützungen in Anspruch nehmen.

Wie bereits beim Projektstart-Workshop und beim Projektcontrolling-Workshop empfiehlt es sich, ein Design zur besseren Planung der einzelnen Agendapunkte und zur Moderationsunterstützung zu erstellen.

Design Projektabschluss-Workshop

Projekt:	Projektleiter:

Datum / Zeit:	Teilnehmer: » » » »
Ort:	

Agenda	Verantwortlich	Dauer
1. Einstieg, Ziele, Ablauf	PC	08:00-08:05
2. Blitzlicht	PC	08:05-08:25
3. Besprechung Protokoll und WVV *Projektcontrolling-WS xx, xx.xx.xx*	PC, PL	08:25-08:30
4. Evaluierung Leistungen anhand des Projektstrukturplans (PSP)	PC, PL	08:30-08:55
5. Planung Restaufgaben und Nachprojektphase	PC, PL	08:55-09:10
6. Auflösung der Projektumwelten, Analyse Projektumwelten	PC, PL	09:10-09:30
7. Pause		09:30-09:45
8. Analyse Termine	PC, PL	09:45-10:05
9. Analyse Ressourcen und Kosten	PC, PL	10:05-10:25
10. Analyse Zielerreichung	PC, PL	10:25-10:35
11. Analyse Projektmanagement-Einsatz und Teamarbeit	PC, PL	10:35-10:45
12. Lessons Learned	PC	10:45-10:55
13. Vereinbarung der weiteren Vorgangsweise (WVV)	PC	10:55-11:00
Weitere Informationen		
»		
»		
»		

PL.....Projektleiter
PC.....Projektcoach

Beispiel für das Design eines Projektabschluss-Workshops

Schritt 3: Abschluss der Projektdokumentation

Nach der Durchführung des Projektabschluss-Workshops sind die Projektpläne auf einen Letztstand zu bringen (Letztversion des Projekthandbuches) und es wird ein Protokoll des Projektabschluss-Workshops erstellt.

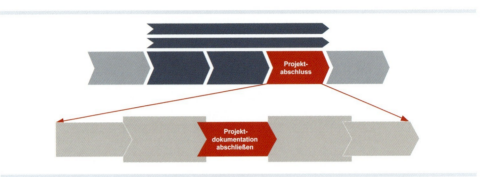

Die Ergebnisse der Projektanalyse und der Projektevaluierung werden im Projektabschlussbericht dokumentiert. Dieser Bericht ist das Abschlussdokument im Projektmanagement und dient auch als Gesprächsgrundlage für die abschließende Projektauftraggebersitzung (siehe Schritt 4).

PROJEKTABSCHLUSSBERICHT	
Gesamteindruck » » » »	**Reflexion: Zielerreichung** » » » »

Reflexion: Leistungen/Termine
» » »

Reflexion: Ressourcen/Kosten
» » »

Reflexion: Interne Organisation/Umweltbeziehungen
» » »

Leistungsbeurteilung (Projektauftraggeber, Projektleiter, Projektmitarbeiter) » » »	Lessons Learned (Zusammenfassende Erfahrungen und Verbesserungsvorschläge) » »

Planung Nachprojektphase, Restaufgaben

To Do	Zuständigkeit	Termin

Projektabnahme

....
Vorname Nachname (Projektleiter)   *Namen* (Projektauftraggeber)

Beispiel eines Projektabschlussberichts

Des Weiteren sind die vereinbarten To-Dos zur Projektfertigstellung bzw. für die Nachprojektphase durchzuführen.

Ergänzend ist die abschließende Projektauftraggebersitzung vorzubereiten. Diese Vorbereitung umfasst insbesondere die Vereinbarung eines Termins mit dem Projektauftraggeber, die Auswahl der Teilnehmer, die Vorbereitung des Projekthandbuches bzw. ausgewählter PM-Pläne sowie des Projektabschlussberichts.

Schritt 4: Abschließende Projektauftraggebersitzung

Ziele der abschließenden Projektauftraggebersitzung sind die Endpräsentation des Projekts, dessen Evaluierung, insbesondere des Projekterfolgs, die Beurteilung des Projektleiters und des Projektteams sowie die Sicherstellung des organisatorischen Lernens.

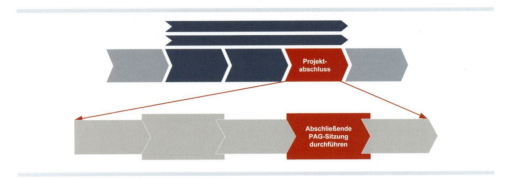

Ist der Projektauftraggeber mit der Leistung im Projekt zufrieden und sind alle Leistungen im Projekt erfolgt, kommt es zur Projektabnahme, das heißt, der Projektauftraggeber entlässt den Projektleiter aus seiner Projektverantwortung, schließt das Projekt ab und setzt die eingesetzten Projektressourcen (Projektteam und Projektmitarbeiter) wieder frei.

Die nachfolgende beispielhafte Einladung für die abschließende Projektauftraggebersitzung zeigt einen typischen Ablauf, allerdings sind auch andere Vorgehensweisen möglich.

Einladung **abschließende Projektauftraggeber-Sitzung**	
Projekt:	Projektleiter:
Datum / Zeit:	Teilnehmer: » »
Ort:	» »

Ziele

» Diskussion Projektstatus, Klärung offener Punkte
» Analyse des Projekts
» Bewertung und Beurteilung Projektleiter und Projektteam, Entlastung Projektleiter
» Vereinbarung der weiteren Vorgangsweise (WVW)

Tagesordnung

» Einstieg, Ziele, Ablauf
» Blitzlicht
» Präsentation Projektstatus
» Klärung offener Punkte und To Dos
» Analyse des Projekts
» Bewertung des Projektleiters und des Projektteams
» Abschluss des Projekts, Entlastung des Projektleiters
» Vereinbarung der weiteren Vorgangsweise (WVW)

Unterlagen

» Projekthandbuch, ausgewählte Projektpläne
» Projektabschlussbericht
» Einladung mit Agenda

Einladung zu einer abschließenden Projektauftraggebersitzung

Nachfolgend sollen diese einzelnen Agendapunkte detaillierter beschrieben werden:

Einstieg, Ziele und Ablauf

» Zu Beginn der abschließenden Projektauftraggebersitzung erfolgt zunächst eine kurze Abstimmung der Ziele und des Ablaufs.

Blitzlicht

» Noch vor der Reflexion des Projekts sollte ein kurzes Blitzlicht durchgeführt werden (siehe Beschreibung im Kapitel „PM-Methoden").

Analyse des Projekts

» Anhand des Projektabschlussberichts und ausgewählter PM-Methoden stellt der Projektleiter seine Sicht zur abschließenden Analyse des Projekts dar und diskutiert diese mit dem Projektauftraggeber. Ziel ist es, auch zum Projektabschluss eine gemeinsame Einschätzung zu generieren.

>> Insbesondere wird der Projektleiter die Analyse der Zielerreichung, die Einhaltung bzw. Nichteinhaltung von Terminen, Ressourcen und Kosten gemeinsam mit dem Projektauftraggeber besprechen.

>> Die Teamarbeit und der Einsatz des Projektmanagements werden analysiert.

>> Wesentlicher Abstimmungspunkt sind die „Lessons Learned", also die zentralen Lernergebnisse aus dem Projekt.

>> Abschließend sollte der generelle Projekterfolg bewertet werden.

Bewertung Projektleiter und des Projektteams

>> Basierend auf dem Projekterfolg können der Projektleiter und das Projektteam beurteilt werden. Ob eine solche Projektbeurteilung erfolgt oder nicht, hängt von der Projektkultur des Unternehmens ab.

>> Auf der Basis der Beurteilung können auch Projektprämien besprochen und vergeben werden.

Abschluss des Projekts, Entlastung des Projektleiters

>> Ist das Projekt weitgehend abgeschlossen (ev. gibt es noch eine Mängelliste oder eine To-Do-Liste mit Restarbeiten), erfolgt vom Projektauftraggeber eine Entlastung des Projektleiters sowie eine Entlassung des Projektleiters und des Projektteams aus dem Projekt.

>> Damit wird die Projektorganisation aufgelöst.

Vereinbarung der weiteren Vorgehensweise

>> Als letzter Punkt erfolgt die Abstimmung der abschließenden Schritte im Projekt und die operative Vereinbarung der Nachprojektphase.

Schritt 5: Abschlussprozess abschließen

Zuletzt ist ein Protokoll der abschließenden Projektauftraggebersitzung zu erstellen und sind gegebenenfalls zusätzlich vereinbarte Maßnahmen einzuleiten.

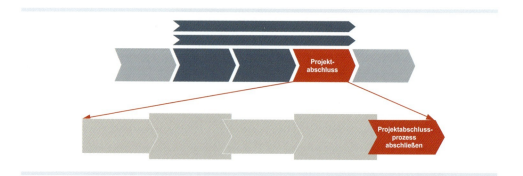

Gegebenenfalls werden Konsequenzen aus dem PAG-WS, wie z. B. die Ausbezahlung von Projektprämien, eingeleitet.

Bei erfolgreichen Projekten erfolgt häufig ein „Social Event" als kleines „Dankeschön" an das Projektteam und zur Feier des Projekterfolgs. Gerade in der Projektarbeit, die häufig durch überdurchschnittlich hohe Arbeitszeiten, Stress, Überstunden etc. gekennzeichnet ist, haben solche Veranstaltungen eine hohe Bedeutung. Die Mitarbeiter schließen das Projekt positiv ab, spüren die Anerkennung des Managements und werden auch bei zukünftigen Projekten wieder engagiert mitarbeiten.

 ## Ergebnisse des Projektabschlussprozesses

>> Projektevaluierung wurde durchgeführt.
>> Planung der Restarbeiten und der Nachprojektphase sind erfolgt, abschließende To-Do-Liste ist erstellt.
>> Projektabschlussbericht ist erstellt und unterschrieben.
>> Beurteilung des Projektleiters, des Projektteams (des Projektauftraggebers) ist durchgeführt.
>> Ausbezahlung von Projektprämien ist erfolgt.
>> Know-how-Transfer des Erlernten in die Stammorganisation ist sichergestellt und erfolgt.
>> „Saubere" Projektdokumentation und Ablagestruktur (sowohl PM-Dokumentation als auch Ergebnisdokumentation, alle laut PSP relevanten Projektdokumente sind am zentralen Projektordner abgelegt).
>> Letztstand des Projekthandbuches liegt vor.

 ## Projektabschluss bei Kleinprojekten

In Kleinprojekten wird der Projektabschlussprozess (wie auch alle anderen PM-Prozesse) in einem reduzierten Umfang durchgeführt. Was im Projektabschluss bei Kleinprojekten passiert, ist sehr stark organisationsspezifisch. Die Bandbreite reicht bei Kleinprojekten von einem kurzen Projektabschluss-Workshop und der Erstellung eines Projektabschlussberichtes bis hin zu keinen Aktivitäten.

Meist wird auf einen Projektabschluss-Workshop verzichtet (außer, es handelt sich um ein spezielles Projekt, z. B. ein Pilotprojekt, ein besonders gut oder schlecht gelaufenes Projekt), der Projektleiter aktualisiert ein letztes Mal das Projekthandbuch und erstellt einen Projektabschlussbericht.

Auch bei Kleinprojekten ist zu entscheiden, ob ein emotionaler Abschluss mit dem Projektteam in Form eines Social Events durchgeführt wird. Werden in der Organisation eher selten Projekte und Kleinprojekte durchgeführt, macht das sicherlich Sinn. Wurde das Kleinprojekt allerdings im Kontext mit vielen derartigen Kleinprojekten pro Jahr durchgeführt, wird meist eher darauf verzichtet.

Zusammenfassender Überblick über den Projektabschlussprozess

Zum besseren Gesamtüberblick sei am Ende des Kapitels nochmals der Projektabschlussprozess zusammenfassend dargestellt:

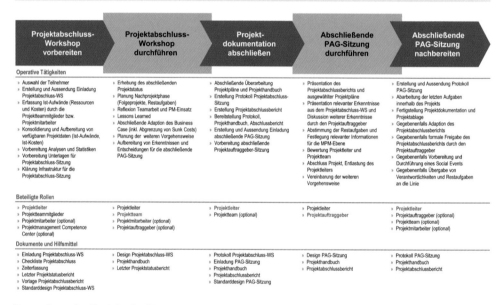

Projektabschluss-Workshop vorbereiten	Projektabschluss-Workshop durchführen	Projekt-dokumentation abschließen	Abschließende PAG-Sitzung durchführen	Abschließende PAG-Sitzung nachbereiten
Operative Tätigkeiten				
» Auswahl der Teilnehmer » Erstellung und Aussendung Einladung Projektabschluss-WS » Erfassung Ist-Aufwände (Ressourcen und Kosten) durch die Projektteammitglieder bzw. Projektmitarbeiter » Konsolidierung und Aufbereitung von verfügbaren Projektdaten (Ist-Aufwände, Ist-Kosten) » Vorbereitung Analysen und Statistiken » Vorbereitung Unterlagen für Projektabschluss-Sitzung » Klärung Infrastruktur für die Projektabschluss-Sitzung	» Erhebung des abschließenden Projektstatus » Planung Nachprojektphase (Folgeprojekte, Restaufgaben) » Reflexion Teamarbeit und PM-Einsatz » Lessons Learned » Abschließende Adaption des Business Case (inkl. Abgrenzung von Sunk Costs) » Planung der weiteren Vorgehensweise » Aufbereitung von Erkenntnissen und Entscheidungen für die abschließende PAG-Sitzung	» Abschließende Überarbeitung Projektpläne und Projekthandbuch » Erstellung Protokoll Projektabschluss-Sitzung » Erstellung Projektabschlussbericht » Bereitstellung Protokoll, Projekthandbuch, Abschlussbericht » Erstellung und Aussendung Einladung abschließende PAG-Sitzung » Vorbereitung abschließende Projektauftraggeber-Sitzung	» Präsentation des Projektabschlussberichts und ausgewählter Projektpläne » Präsentation relevanter Erkenntnisse aus dem Projektabschluss-WS und Diskussion weiterer Erkenntnisse durch den Projektauftraggeber » Abstimmung der Restaufgaben und Festlegung relevanter Informationen für die MPM-Ebene » Bewertung Projektleiter und Projektteam » Abschluss Projekt, Entlastung des Projektleiters » Vereinbarung der weiteren Vorgehensweise	» Erstellung und Aussendung Protokoll PAG-Sitzung » Abarbeitung der letzten Aufgaben innerhalb des Projekts » Fertigstellung Projektdokumentation und Projektablage » Gegebenenfalls Adaption des Projektabschlussberichts » Gegebenenfalls formale Freigabe des Projektabschlussberichts durch den Projektauftraggeber » Gegebenenfalls Vorbereitung und Durchführung eines Social Events » Gegebenenfalls Übergabe von Verantwortlichkeiten und Restaufgaben an die Linie
Beteiligte Rollen				
» Projektleiter » Projektteammitglieder » Projektmitarbeiter (optional) » Projektmanagement Competence Center (optional)	» Projektleiter » Projektteam » Projektmitarbeiter (optional) » Projektauftraggeber (optional)	» Projektleiter » Projektteam (optional)	» Projektleiter » Projektauftraggeber	» Projektleiter » Projektauftraggeber (optional) » Projektteam (optional) » Projektmitarbeiter (optional)
Dokumente und Hilfsmittel				
» Einladung Projektabschluss-WS » Checkliste Projektabschluss » Zeiterfassung » Letzter Projektstatusbericht » Vorlage Projektabschlussbericht » Standarddesign Projektabschluss-WS	» Design Projektabschluss-WS » Projekthandbuch » Letzter Projektstatusbericht	» Protokoll Projektabschluss-WS » Einladung PAG-Sitzung » Projekthandbuch » Projektabschlussbericht » Standarddesign PAG-Sitzung	» Design PAG-Sitzung » Projekthandbuch » Projektabschlussbericht	» Protokoll PAG-Sitzung » Projekthandbuch » Projektabschlussbericht

Darstellung des Projektabschlussprozesses

Nutzen Sie die beiliegende Vorlage auf der CD-ROM!

！ Tipps und Tricks im Projektabschluss

» Erstellen Sie im Projektabschluss eine To-Do-Liste, die alle noch notwendigen Aufgaben beinhaltet! Mit Hilfe dieser To-Do-Liste lösen Sie alle Projektpläne auf und managen die Restarbeiten!

» Achten Sie auf den richtigen Zeitpunkt zum Projektabschluss!

» Achten Sie zum Projektabschluss auf eine „saubere" Projektabnahme durch den Projektauftraggeber! „Ohne Projektabnahme werden Sie Ihr Projekt vielleicht nie wieder los!"

» Führen Sie einen Projektabschluss-Workshop durch und sichern Sie Ihrem Unternehmen das erworbene Wissen aus dem Projekt! Im Projektabschluss entscheidet sich, ob Sie schneller lernen als Ihre Konkurrenz!

» Organisieren Sie zum Projektabschluss für Ihr Projektteam und die relevanten Projektbeteiligten ein abschließendes „Social Event"! Ihre Mitarbeiter werden es Ihnen danken und Sie schließen Ihr Projekt positiv ab!

» Achtung: Vermeiden Sie im Projektabschluss Eskalationen im Projektteam!

» Ein Projekt braucht einen inhaltlichen und einen emotionalen Projektabschluss!

Anhang

Im Anhang finden Sie ein Abkürzungs-
verzeichnis sowie eine Beschreibung zur
Handhabung der beiliegenden CD-ROM.

Abkürzungsverzeichnis

Abkürzung	Erklärung
AP	Arbeitspaket
BMPM	Begleitende MPM-Prozesse
BPFC	Budgetplanung und Finanzcontrolling
EPA	Projektabschluss
EPC	Projektcontrolling
EPK	Projektkoordination
EPM	Einzelprojektmanagement
EPMK	Projektmarketing
EPS	Projektstart
EVA	Earned-Value-Analyse
FD	Funktionendiagramm
MPAE	Projektabnahme und -evaluierung
MPB	Projektbeauftragung
MPC	Multiprojektcontrolling
MPM	Multiprojektmanagement
OE	Organisationsentwicklung
PAG	Projektauftraggeber
PAGGM	Projektauftraggebergremium
PE	Personalentwicklung
PHB	Projekthandbuch
PL	Projektleiter
PLA	Projektlenkungsausschuss
PM	Projektmanagement
PMA	Projektmitarbeiter
PSP	Projektstrukturplan
PT	Personentag
PTM	Projektteammitglied
PUA	Projektumweltanalyse
RM	Ressourcenmanagement
ROM	Rollout-Matrix
SPS	Strategische Planung und Steuerung
UNM	Unternehmensmanagement
WBS	Work Breakdown Structure
WS	Workshop
WVW	Weitere Vorgehensweise

Verwendung der beiliegenden CD-ROM

Beschreibung und Verwendung der CD-ROM

Dem Buch ist eine CD-ROM beigelegt. Auf dieser CD-ROM befinden sich Checklisten, Vorlagen und nützliche Tools zum Projektmanagement.

Nachfolgend finden Sie eine Erklärung zum Überblick und zur Handhabung der CD-ROM. Weitere Informationen entnehmen Sie bitte direkt der CD-ROM.

Inhaltliche Informationen

Der CD-ROM zu „let your projects fly" gliedert sich in fünf Bereiche:

Der Bereich „CD-ROM" beschreibt den Nutzen und den detaillierten Umgang mit der CD-ROM.

Der Bereich „Checklisten" liefert die Projektmanagement-Prozesse im .pdf-Format.

Im Bereich „Vorlagen" werden MS-Word-Vorlagen wie Einladungen, Designs und Protokolle zur Verfügung gestellt.

Der Bereich „PM-Tools" bietet ausgewählte Tools (Projekthandbücher) inkl. Anleitung.

Der Bereich „next level consulting" enthält Informationen zum Unternehmen, zu den Beratern und Dienstleistungen.

Technische Informationen

Die CD-ROM zu „let your projects fly" bereitet die Inhalte browsergestützt auf. Die Inhalte wurden jedoch für den Internet Explorer mit einer Auflösung von 1024 x 768 optimiert.

Durch Einlegen der CD-ROM in das Laufwerk sollte diese grundsätzlich selbständig starten. Passiert dies nicht, muss die Datei „start.html" auf der CD-ROM manuell ausgeführt werden.

>> Möglicherweise erscheint nun eine Warnung, dass die Inhalte Schaden auf Ihrem PC anrichten können. Bestätigen Sie diese Warnung mit „JA".

>> Nun sollte sich ein neues Fenster mit der Startseite öffnen. Sollte Ihr Browser noch immer die Ausführung der Startseite blockieren, kann das an den Sicherheitseinstellungen liegen.

>> Entweder Sie ändern in den Optionen des Browsers die Sicherheitseinstellungen (Skripts und ActiveX-Steuerelemente zulassen);

>> oder – falls auf Ihrem Bildschirm eine Informationsleiste erscheint, mit der auf die geblockten Inhalte hingewiesen wird – klicken Sie die Informationsleiste mit der rechten Maustaste an und wählen „geblockte Inhalte zulassen" aus.

Für die Nutzung der CD-ROM ist primär nur ein Browser (z. B.: Internet Explorer) notwendig. Um alle enthaltenen Inhalte zu nutzen, sind jedoch auch Acrobat Reader (bzw. Acrobat Writer), MS-Word, MS- Excel und ein Internetzugang notwendig.

Danksagung

Wir freuen uns, Ihnen unser erstes Projektmanagement-Buch vorstellen zu dürfen. **» Let your projects fly »** ist aus der Praxis und neben unserer Beratungstätigkeit im Projektmanagement entstanden.

Wie bei Projekten üblich, gab es auch für unser Buchprojekt ein Projektteam, das uns tatkräftig unterstützte. Dafür wollen wir uns hiermit herzlich bedanken.

Insbesondere gilt unser Dank Alexander Peschke, Sylvia Gawor und Wolfgang Hemmerich, die unseren Grafiken zu einem next level verholfen haben.

Bedanken möchten wir uns auch bei unserem Feedbackteam, das durch ihre Unterstützung zur Vollständigkeit unseres Buches wesentlich beigetragen hat.

Zu guter Letzt bedanken wir uns bei Julia und Silvia für ihr Verständnis, unsere Freizeit für die Erstellung des vorliegenden Buches verwendet zu haben.